臺灣歷史與文化研究輯刊

十四編

第 12 冊

志賦、試賦與媒體賦
——臺灣賦之三階段論述（上）

王淑蕙 著

花木蘭文化事業有限公司

國家圖書館出版品預行編目資料

志賦、試賦與媒體賦——臺灣賦之三階段論述（上）／王淑蕙
著 — 初版 — 新北市：花木蘭文化事業有限公司，2018〔民
107〕
目 6+152 面；19×26 公分
（臺灣歷史與文化研究輯刊十四編：第 12 冊）
ISBN 978-986-485-595-7（精裝）
1. 賦 2. 文學評論 3. 臺灣
733.08   107012702

ISBN-978-986-485-595-7

9 789864 855957

臺灣歷史與文化研究輯刊
十四編　第十二冊
　　　　　　　　　　　　　　ISBN：978-986-485-595-7

志賦、試賦與媒體賦
——臺灣賦之三階段論述（上）

作　　者　王淑蕙
總　編　輯　杜潔祥
副總編輯　楊嘉樂
編　　輯　許郁翎、王筑　美術編輯　陳逸婷
出　　版　花木蘭文化事業有限公司
發　行　人　高小娟
聯絡地址　235 新北市中和區中安街七二號十三樓
　　　　　　電話：02-2923-1455 ／傳眞：02-2923-1452
網　　址　http://www.huamulan.tw 信箱 hml 810518@gmail.com
印　　刷　普羅文化出版廣告事業
初　　版　2018 年 9 月
全書字數　272504 字
定　　價　十四編 16 冊（精裝）台幣 38,000 元

志賦、試賦與媒體賦
——臺灣賦之三階段論述（上）

王淑蕙　著

作者簡介

王淑蕙，彰化人。國立成功大學中國文學研究所博士，本書即其博士論文。現任南臺科技大學通識教育中心副教授。研究領域以「世變與經典」之轉化與思潮，尤致力於臺灣士人置身易代之際，如何詮釋經典、寄託文學。著有《董仲舒《春秋》解經方法探究》等專書。教學領域針對科技大學通識課程，結合古典文學與創意設計，取得經濟部智慧財產局核定之專利證書，計有：新型專利「新型第 M 491992 號、新型 M 492031 號、新型 M 512418 號、新型 M 512369 號、新型第 M 530240 號、新型第 M 530500 號、M 530259 號」；設計專利「設計第 D 168748 號、設計第 D 174841 號」。

提　　要

　　本書以臺灣賦發展脈絡為研究主題，針對目前所見之清代至日治時期臺灣賦作，運用「文本與志書同步閱讀」、「文獻、文本之搜採缺逸」、「細讀文本」、「傳媒概念之運用」等研究方法，凸顯「官方意識」之介入、推動，如何影響不同階段臺灣文士之賦作，依次論述臺灣賦之三階段發展。

　　第一階段志賦（清初～乾隆中期），清初臺灣草昧初開，無文獻之徵，故臺灣賦起於志書〈藝文志〉之收錄，志賦收錄多完成於乾隆中期。乾隆中期以前，志賦作者多為宦臺官員，基於志書即治書的原則，臺灣賦史第一階段志賦具有輔佐治理與志書纂修之特質。

　　第二階段試賦（乾隆中期～清末），清廷學唐以律賦取士，乾隆二十年（1755）以前，閩、粵子弟多寄、冒臺籍以取得功名，乾隆中期本土士子興起，積極參與科舉者增多，使賦學教育日漸發展。然而臺灣獨特的仕宦空間與僅僅百餘年的習賦時間，始終未能形成本土之賦學理論。康熙、雍正、乾隆三帝形成之「清、真、雅、正」拔文取士準則，使賦作內容逐漸趨向於僵化。清代臺灣現存三家賦作中，曹敬賦作頗能超越御定拔文準則，呈現生逢科舉累人之世的生命書寫。

　　第三階段媒體賦（日治時期），日治時期（1895～1945）臺灣進入後科舉時代，隨著殖民政府於始政的隔年即引進日資媒體，日資媒體登臺後代表殖民政府之傳聲筒。相對日資媒體賦（1903～1930）的是臺資鸞賦（1896～1915）與臺資報刊雜誌賦（1919～1943）。鸞賦巧妙連結舊御令與新神諭，使置身於個人生涯與家國歷史雙重斷裂的臺士，藉鸞賦的書寫，於 1915 年之前實現「代天治民」的前清志業；1915 年之後，則面對「日資／臺資」報刊賦之投稿抉擇，使後科舉時代的媒體賦，「以賦寫志」的創作意識更趨成熟。

目

次

第一章　緒　論

第一節　研究動機

　　臺灣之於傳統文獻的整理研究，早於 50、60 年代「臺灣銀行經濟研究室」蒐集各地臺灣史料，並於 1957 年至 1972 年間，陸續印行 309 種 595 冊的《臺灣文獻叢刊》。其後各縣市文獻委員會發行刊物，如《臺灣文獻》、《臺北文物》等，帶動文人選集、全集、各地文學發展史相繼出版及文獻數位化。臺灣古典文學研究於上述基礎展開，至今相關學位論文成果豐碩。儘管臺灣古典文學研究已蔚爲風氣，然而研究成果以「詩」爲大宗，「小說」則次之，由於「賦」起步最晚，因此研究成果相對較少。

　　賦體源遠流長，濫觴於先秦，鼎盛於漢代。司馬相如、揚雄等賦家，開創了「興廢繼絕、潤色鴻業」的一代文學。正因賦體具有稱頌當世，大張天子威勢、壓倒藩國，諸多結合「文學與政治」等便利君王治國之功能。又因賦本具有之博識才學等特質，漢代之古賦、魏晉之駢賦、逐漸發展至唐代成爲科舉考試科目。基於考試的公平性與有限的閱卷時間等因素，又逐漸發展成「新巧以製題，險難以立韻。課以四聲之切，幅以八韻之凡。……然後銖量寸度，與帖括同科；夏課秋卷，將揣摹共術矣。」〔註 1〕之律賦，「使進士之『顯』與詩賦之『盛』相得益彰」〔註 2〕。明代借鑑律賦形式而爲「八股」

〔註 1〕　〔清〕孫梅，《四六叢話》，收入王水照編，《歷代文話》第 5 冊，（上海市：復旦大學出版社，2007 年），頁 4309～4310。
〔註 2〕　許結，《中國賦學歷史與批評》（南京市：江蘇教育出版社，2001 年 7 月），頁 152。

取士，清代以少數之滿人統治多數之漢人，統治之初即恢復科舉，康熙十八年（1679）開「博學鴻詞科」，首開清代以詩賦取士，爲使士子有所遵循，敕令大學士陳元龍編纂《御定歷代賦彙》，並親自作〈序〉：「賦者，六義之一也。……唐宋則用以取士，其時名臣偉人，往往多出其中。迨及元而始不列于科目。朕以其不可盡廢也，閒嘗以是求天下之才。故命詞臣考稽古昔，蒐采缺逸，都爲一集，親加鑒定，令校刊焉。爲敘其源流興罷之故，以示天下，使凡學者知朕意云。」〔註3〕康熙帝之提倡，促成清代賦學之昌盛，同時也深深影響臺灣賦之發展。

臺灣賦受清代科舉以律賦取士的影響，以格律化的律賦，選用經史典籍的文句爲題，全篇以韻爲句，依韻分段，士子需練就穿穴經史的功夫，以符合嚴密的程式規範。歷經百餘年之淘洗，「律賦」儼然成爲臺灣賦之主要形式，即使廢除科舉後的日治時期，臺士參與扶鸞與神佛共賦，亦多以律賦形式爲之。凡此種種，更顯得律賦「文本細讀」之困難度，此亦爲「賦」何以在臺灣古典文學研究興盛的學術成果中，遠不如「詩」、「小說」等文類的原因。2006年《全臺賦》、2007年《臺灣賦集》相繼出版，2007年開始許多學者檢視2006年版的《全臺賦》，對於編纂體例及賦體辨識等提出疑義，加之2010年〈談談《全臺賦》、《臺灣賦文集》未收的作品〉又補充若干篇賦作，因此2014年再度重校出版《全臺賦校訂》、《全臺賦補遺》，大幅縮短研究者搜尋文獻資料及辨識斷句的時日。筆者於2012年間爲平衡臺灣古典文學研究整體之發展，選擇「臺灣賦」作爲博士論文研究對象，2018年再根據《全臺賦校訂》及《全臺賦補遺》二冊，修正原引文重新出版。賦兼才學、學海無涯，值此《志賦、試賦、媒體賦——臺灣賦之三階段論述》出版，懇請方家不吝指正。

第二節 文獻回顧

關於臺灣賦之研究現況，近年陸續有多位學者投入，以下分別從單篇論文和學位論文兩方面簡述之。

〔註3〕 〔清〕聖祖，〈序〉，陳元龍主編，《御定歷代賦彙》，任繼愈、傅璇琮總主編《欽定四庫全書》，第473冊（北京市：商務印書館，2005年），頁641。

一、單篇論文

（一）志賦研究

臺灣賦之研究肇起於 1996 年 10 月 28 日，時任中央研究院歷史語言研究所所長杜正勝於《自由時報》發表〈台灣觀點的文選〉一文，其中言及王必昌〈臺灣賦〉應納入國文課本中，因而引發 1999 年游適宏探討臺灣賦之動機。游氏首開臺灣志賦之研究，發表〈地理想像與台灣認同：清代三篇〈臺灣賦〉的考察〉〔註4〕，以官修方志的正典化、賦作想像「臺灣」爲視角，論述清初三篇〈臺灣賦〉。2003 年陳姿蓉以「清代臺灣風土」爲主題，比較賦與詩兩種文體表現的差異，發表〈清代臺灣賦與臺灣竹枝詞之比較研究〉〔註5〕。2006 年田啓文考據賦作地名，發表〈沈光文〈臺灣賦〉幾處地名考證的問題〉〔註6〕，同年年底《全臺賦》出版，吸引更多研究者的關注，然而志賦仍占大部分，如：2007 年陳芳汶以臺灣特產甘蔗爲主題，發表〈東寧才子施瓊芳及其〈蔗車賦〉初探〉〔註7〕，2008 年游適宏以地方物產、賦體本身之潤色鴻業特質爲視角，發表〈研究物情與褒贊國家——王必昌〈臺灣賦〉的兩個導讀面向〉〔註8〕，類似的主題另有吳炳輝的〈王必昌〈臺灣賦〉臺灣風土書寫之研究〉〔註9〕。

2010 年長庚大學主辦「臺灣賦學術研討會」，會中發表多篇以志賦爲主的論文，並先後發表於《臺灣古典文學研究集刊》，有地景中的海洋文學研究的

〔註4〕 游適宏，〈地理想像與臺灣認同：清代三篇〈臺灣賦〉的考察〉，原刊《台灣文學研究學報》第 1 期（2000 年 6 月），後收錄於許俊雅主編，《講座 FORMOSA：台灣古典文學評論合集》（臺北：萬卷樓圖書，2004 年 6 月），頁 159～193。游文中談及〈臺灣賦〉中顯示「上國貴卿」的意識，柯喬文據之撰成〈它者的觀看：清代臺灣賦的權力話語〉，發表於 2002 年 4 月 11 日臺北淡江大學所主辦之第六屆《文學與文化》研討會。

〔註5〕 陳姿蓉，〈清代臺灣賦與臺灣竹枝詞之比較研究〉，《中華學苑》第 56/期（2003 年 2 月），頁 113～145。

〔註6〕 田啓文，〈沈光文〈臺灣賦〉幾處地名考證的問題〉，《國立臺灣科技大學人文社會學報》第 27 期（2006 年 8 月），頁 76～86。

〔註7〕 陳芳汶，〈東寧才子施瓊芳及其〈蔗車賦〉初探〉，《國立臺灣科技大學人文社會學報》第 3 期（2007 年 3 月），頁 205～224。

〔註8〕 游適宏，〈研究物情與褒贊國家——王必昌〈台灣賦〉的兩個導讀面向〉，《試賦與識賦——從考試的賦到賦的教學》（臺北：秀威資訊出版社，2008 年 11 月），頁 165～188。

〔註9〕 吳炳輝，〈王必昌〈臺灣賦〉臺灣風土書寫之研究〉，《明新學報》32 卷 2 期（2008 年 8 月），頁 53～76。

〈清代臺灣賦作海洋書寫中的神怪想像：以《全臺賦》爲研究中心〉〔註10〕；有山岳文學研究的〈建構文學地景與召喚地方感受：臺灣賦作中的山岳書寫〉〔註11〕；有物產研究的〈由〈西螺柑賦〉看清代至日治臺灣在地物產的書寫〉〔註12〕等。或者臺灣賦最初由方志收錄而形成文本特色，持續吸引研究者投入論析，2015 年有〈沈光文〈臺灣賦〉的地誌與戰略意識〉〔註13〕、〈虛擬與實感——曹敬〈繾了蠶桑又種秧賦〉析論〉〔註14〕、2016 年有〈賦海迎鮮：毛士釗〈比目魚賦〉試析〉〔註15〕

（二）對《全臺賦》的省思與回應

臺灣賦集出版之前，已有學者從事作家別集的賦作研究，如崔成宗〈臺灣先賢洪棄生賦研究〉〔註16〕。然而臺灣賦散見於志書〈藝文志〉、各別作家的選集、全集、報刊雜誌、鸞書等，使臺灣賦之研究者面臨文本搜索上的極大困難，2006 年底《全臺賦》出版，收錄 195 篇，合《影像集》共 197 篇〔註17〕，爲臺灣賦之研究開啓新紀元。2007 年繼起之《臺灣賦集》在《全臺賦》基礎上增刪訂補，共收錄 221 篇。由於《臺灣賦集》出版的基礎是建立在《全臺賦》上，因此對於臺灣賦編纂的省思與回應都以《全臺賦》爲主。

2007 年 7 月《東海大學文學院學報》就有三篇大陸學者針對《全臺賦》編輯的討論，分別是西南大學張顯成的〈《全臺賦》評介〉〔註18〕，華南師範

〔註10〕 李知灝，〈清代臺灣賦作海洋書寫中的神怪想像：以《全臺賦》爲研究中心〉，《臺灣古典文學研究集刊》第 3 號（2010 年 6 月），頁 197～218。

〔註11〕 顧敏耀，〈建構文學地景與召喚地方感受：臺灣賦作中的山岳書寫〉，《臺灣古典文學研究集刊》第 3 號（2010 年 6 月），頁 219～273。

〔註12〕 許惠玟，〈由〈西螺柑賦〉看清代至日治臺灣在地物產的書寫〉，《臺灣古典文學研究集刊》，第 3 號（2010 年 6 月），頁 157～196。

〔註13〕 賈尚軒，〈沈光文〈臺灣賦〉的地誌與戰略意識〉，《鵝湖》486 期（2015 年 12 月），頁 47～62。

〔註14〕 張鳳玲，〈虛擬與實感——曹敬〈繾了蠶桑又種秧賦〉析論〉，《輔仁國文學報》41 期（2015 年 10 月），頁 125～153。

〔註15〕 游適宏，〈賦海迎鮮：毛士釗〈比目魚賦〉試析〉，《海洋文化學刊》第 21 期（2016 年 12 月），頁 119～143。

〔註16〕 崔成宗〈臺灣先賢洪棄生賦研究〉，東亞人文學會《東亞人文學》第 9 輯（2006 年 6 月），頁 245～272。

〔註17〕 李時銘，〈論臺灣賦之編纂〉，《臺灣古典文學研究集刊》第 3 號（2010 年 6 月），頁 43～88。

〔註18〕 張顯成，〈《全臺賦》評介〉，《東海大學文學院學報》，第 48 卷（2007 年 7 月），頁 515～522。

大學張金玉、蔣曉薇的〈臺灣賦文的集大成之作——評許俊雅、吳福助主編《全臺賦》〉〔註19〕、中國人民大學詹杭倫的〈臺灣賦論略——評許俊雅、吳福助主編《全臺賦》〉〔註20〕。三者對於《全臺賦》之出版，抱持肯定與讚譽，其中多有雷同之處：

1. 初步建構了臺灣賦的發展史：主編許俊雅以等同論文的〈導論〉，為臺灣賦之發展背景、衍變發展、內容特色等，初步建構了臺灣賦的發展史，為臺灣文學史和文獻學史上具里程碑性的作品。

2. 全方面的搜集臺灣賦文本：自晚明以來近三百年的臺灣賦文本，由清代四十餘種志書〈藝文志〉、文人詩文集、叢書、碑文集成，日治刊物、鸞書與私人典藏文稿等精心全方面的搜集。

3. 精心提供研究者最佳便利性：《全臺賦》之編纂，在體例方面有三項特點，為研究臺灣賦者提供最佳便利性，一為作者生卒、字號、籍貫、事蹟、著作等相關資料。二為內容精要解說。三為比對校斟賦作之不同版本、註明引用出處，提供相關背景內容。又為了降低賦文標點之爭議，有《全臺賦影像集》同時出版，提供文本來源之原始面貌。

張顯成與詹杭倫對《全臺賦》之編纂也提供若干建議，張顯成提出「體例不一」的問題：首先是《全臺賦》與《全臺賦影像集》出現人名不一的問題，其次是有的賦作校斟注釋做得不錯，但有些該校者未校，該注未注，影響可讀性。參與《臺灣賦集》校訂的詹杭倫，是三位大陸學者中對臺灣賦最熟悉者，對《全臺賦》的編纂提出三點建議。首先《全臺賦》的分期，建議以「科舉時代」作為清代與日治之分期點。其次對於文本搜集之範圍，如日治時期的日籍賦家，若能以「海外流寓臺灣賦家」收錄，可完整展現殖民地臺灣賦作之全貌。期待戰後迄今的賦家作品，收錄於《續編》之中。最後是編寫者辭賦專業度不足，取影像本對照時，往往會發覺在賦體的辨識、賦文標點斷句、分段與校勘時，有若干的錯誤與缺陷。

臺灣學者李時銘以《全唐賦》的編纂經驗，發表〈論臺灣賦之編纂〉〔註21〕，

〔註19〕 張金玉、蔣曉薇，〈臺灣賦文的集大成之作——評許俊雅、吳福助主編《全台賦》〉，《東海大學文學院學報》第 48 期（2007 年 7 月），頁 523～529。

〔註20〕 詹杭倫，〈臺灣賦論略——評許俊雅、吳福助主編《全台賦》〉，《東海大學文學院學報》第 48 期（2007 年 7 月），頁 531～541。

〔註21〕 李時銘，〈論臺灣賦之編纂〉，《臺灣古典文學研究集刊》第 3 號（2010 年 6 月），頁 43～88。

此文乃針對《全臺賦》、《臺灣賦集》二書，對臺灣賦編校問題，提出「收錄範圍」、「標點分段」、「出校改字」、「書篇名號」等鉅細靡遺的建議。未來若能重編、續補《全臺賦》時，建議應從寬收錄賦體雜文。已收錄之賦作中，有些以賦為題，但非賦的作品，應略加說明，留待學者討論。與李時銘同時提出《全臺賦》斷句問題者，另有簡宗梧〈《全臺賦》編校之商榷—以曹敬賦為例〉〔註22〕以及陳姿蓉〈臺灣賦用韻考：校勘篇〉〔註23〕。又臺灣賦作至今仍持續收錄、整理中，故有許俊雅〈談談《全臺賦》、《臺灣賦文集》未收的作品〉〔註24〕，持續收錄有 27 篇鸞賦。

2006 年《全臺賦》、2007 年《臺灣賦集》相繼出版後，引發編纂體例的省思與賦體辨識的回應，《全臺賦》主編許俊雅再度集眾人之意並廣徵學者，再度取得國家文學館的支持，於 2014 年再度重校出版《全臺賦校訂》、《全臺賦補遺》，二書並附有疑義賦作、同文刊載於中國報刊的賦篇及相關研究論文等項目附錄，使臺灣賦之研究與編纂更臻完備。

目前出版的《全臺賦》（《全臺賦校訂》）、《臺灣賦文集》兩種臺灣賦集，無論是研究論文的引用，還是對於編輯的討論，多集中於《全臺賦》。探究其因，除了《全臺賦》（2006）較早出版之外，《全臺賦》（《全臺賦校訂》(2014)）每一篇賦作前，都附有作者、提要的簡介，對於細讀文本提供了先行的研究，因此《全臺賦》（《全臺賦校訂》）更受注目。綜上所述、自 2006 年眾多臺灣賦集的編纂出版以來，學者持續對臺灣賦編輯提出建議，諸如：「賦體」的判讀、作者身分、作品創作的時空等研究，均涉及臺灣賦範疇的界定，皆是從事臺灣賦研究者必須深入探討，並作為未來持續研究之重要憑藉。

（三）鸞賦研究

日治時期賦作之研究，依發表園地有鸞賦、報刊雜誌賦等類別。鸞賦方

〔註22〕 簡宗梧，〈《全臺賦》編校之商榷—以曹敬賦為例〉，《長庚人文社會學報》第 1 卷第 1 期（2008 年），頁 85～108。按：曹敬賦作之斷句問題，仍有游適宏〈《全臺賦》所錄八篇應考作品初論〉「二、曹敬與丘逢甲賦的編校問題」，收入《試賦與識賦——從考試的賦到賦的教學》，（臺北：秀威資訊出版社，2008 年 11 月），頁 51～53。

〔註23〕 陳姿蓉，〈臺灣賦用韻考：校勘篇〉，《臺灣古典文學研究集刊》第 3 號（2010 年 6 月），頁 89～120。

〔註24〕 許俊雅，〈談談《全臺賦》、《臺灣賦文集》未收的作品〉，《臺灣古典文學研究集刊》第 3 號（2010 年 6 月），頁 1～42。

面 2010 年有簡宗梧〈臺灣登鸞降筆賦初探——以《全臺賦》及其影像集爲範圍〉〔註 25〕，概述鸞賦之性質與內容。以「勸淫賦」與「關懷詩妓」之兩種視角研究鸞賦的有陳瑤玲〈日治時期「臺灣賦」中的「色／戒」書寫〉〔註 26〕。2011 年有楊晉龍〈神仙佛的經學傳播——臺灣地區民國前扶鸞賦經學訊息探論〉〔註 27〕，以 35 年間（1896～1931）完成的 20 部鸞書內 59 篇鸞賦，篩選統計賦中引述的儒家經典文本進行分析，得出出自《四書》者 236 例，來自《五經》者 308 例的成果。2012 年梁淑媛《飛登聖域：臺灣鸞賦文學書寫及其文化視域研究》〔註 28〕，爲目前第一本以臺灣鸞賦之研究爲專書，收錄有：〈安適其位：臺灣「鸞堂」賦書寫策略與場域觀〉、〈傾聽神諭：臺灣「宣化」鸞賦倫理向度探析〉、〈抒情與敘事的流動：臺灣鸞賦「多音性」、「擬作」及「遊觀」探論〉、〈眾神花園中善意的缺席：臺灣「藏名」鸞賦隱曲析論〉、〈徘徊在聖凡之間：臺灣鸞賦「鸞生」文化圖像〉、〈被壓抑的神（女）·聖（人）·性：臺灣「煙花」鸞賦現代性書寫〉等論文，全書將鸞賦之定位爲民間，探索：士紳階層的作者與登鸞降筆的眾神連結成什麼樣的文化意涵？針對庶民階層，運用「誦」與「聽」美感雜錯的「賦」體書寫的鸞文，以達到文學及宗教情感的呈現。以及賦之敘事性等，將日治時期鸞賦之書寫背景、作者目的與賦作特質做全面的深入分析。

（四）其他

相對於志賦的研究成果，試賦的研究較少，如〈《全臺賦》所錄八篇應考作品初論〉〔註 29〕、〈題聚一唐：清代臺灣賦涉納唐代詩文的書寫趨向〉〔註 30〕、

〔註 25〕簡宗梧，〈臺灣登鸞降筆賦初探——以《全臺賦》及其影像集爲範圍〉，《長庚人文社會學報》第 3 卷第 2 期（2010 年 10 月），頁 275～302。

〔註 26〕陳瑤玲，〈日治時期「臺灣賦」中的「色／戒」書寫〉，《臺灣文學評論》10卷 4 期（2010 年 10 月），頁 85～99。

〔註 27〕楊晉龍，〈神仙佛的經學傳播——臺灣地區民國前扶鸞賦經學訊息探論〉，《第七屆中國經學國際學術研討會論文集》（政治大學中國文學系，2011 年 8 月），頁 199～236。

〔註 28〕梁淑媛，《飛登聖域：臺灣鸞賦文學書寫及其文化視域研究》，（臺北：五南出版社，2012 年 2 月）。

〔註 29〕游適宏，〈《全臺賦》所錄八篇應考作品初論〉，《試賦與識賦——從考試的賦到賦的教學》，（臺北：秀威資訊出版社，2008 年 11 月），頁 47～77。

〔註 30〕游適宏，〈題聚一唐：清代臺灣賦涉納唐代詩文的書寫趨向〉，《人文社會學報：國立臺灣科技大學》第 9 卷第 4 期（2013 年 12 月），頁 307～331。

〈清代臺灣士子的科舉挫折感──以曹敬賦作爲觀察對象〉〔註31〕。晚清甲午戰敗割臺一事爲賦作內容的有王學玲〈晚清易氏兄弟之臺灣凝望與蹈海奮戰：從易順豫〈哀臺灣賦〉談起〉〔註32〕。以洪繻春思賦作研究的有黃麗月〈遣春日之情思，踵南朝之遺韻：洪棄生春思賦作研究〉〔註33〕另日治時期文人建園賞遊之作品，有徐慧鈺〈賦寫園林見眞趣：《全臺賦》所賦之園林及文人審美生活之研究〉〔註34〕。從六朝賦影響面向研究的，有探討庾信〈從《少嵒賦草》看清代臺灣賦的庾信餘影〉〔註35〕、以及探討鮑照的〈千態萬形，莫可擬仿：清代臺灣與內地〈擬鮑明遠舞鶴賦〉試析〉〔註36〕。由考述研究的面向有〈《全臺賦》所收江夏杏春生〈痘疹辯疑賦〉考述〉〔註37〕，由諷刺研究的面向有〈臺灣風刺賦的表現形態〉〔註38〕，由海洋文化研究的面向有〈海洋文化語境中的臺灣賦〉〔註39〕。

二、學位論文

以臺灣賦爲論題的學位論文，有王嘉弘《清代臺灣賦的發展》（2005年）〔註40〕，論文的主要架構以清代爲主，分初、中、晚三期，論述清代臺灣賦作的形式與表現，其研究重心以志賦爲主。2014年《全臺賦校訂》出版之後，

〔註31〕廖國棟、王淑蕙，〈清代臺灣士子的科舉挫折感──以曹敬賦作爲觀察對象〉，《嘉大中文學報》第8期（2012年9月），頁195～227。

〔註32〕王學玲，〈晚清易氏兄弟之臺灣凝望與蹈海奮戰：從易順豫〈哀臺灣賦〉談起〉，《臺灣古典文學研究集刊》第4號（2010年12月），頁209～242。

〔註33〕黃麗月，〈遣春日之情思，踵南朝之遺韻：洪棄生春思賦作研究〉，《臺灣古典文學研究集刊》第5號（2011年6月），頁209～314。

〔註34〕徐慧鈺，〈賦寫園林見眞趣：《全臺賦》所賦之園林及文人審美生活之研究〉，《臺灣古典文學研究集刊》第4號（2010年12月），頁83～122。

〔註35〕游適宏，〈從《少嵒賦草》看清代臺灣賦的庾信餘影〉，《漢學研究集刊》第18期（2014年6月），頁97～126。

〔註36〕游適宏，〈千態萬形，莫可擬仿：清代臺灣與內地〈擬鮑明遠舞鶴賦〉試析〉，《臺灣文學研究》第5期（2013年12月），頁55～93。

〔註37〕游適宏，〈《全臺賦》所收江夏杏春生〈痘疹辯疑賦〉考述〉，《人文社會學報：國立臺灣科技大學》第8卷第3期（2012年9月），頁251～276。

〔註38〕歐天發，〈臺灣風刺賦的表現形態〉，《寧夏師範學院學報》第31卷第4期（2010年8月），頁105～117。

〔註39〕涂敏華，〈海洋文化語境中的臺灣賦〉，《湖南科技學院學報》第33卷第10期（2012年10月），頁63～65。

〔註40〕王嘉弘，《清代臺灣賦的發展》，（臺中：東海大學中國文學系碩士論文，2005年6月）。

據之撰寫出版的論文，有從官宦、士紳與民間文人三種身份之創作及背景作綜合分析的《臺灣賦研究——以身分視域為觀察核心訂》〔註 41〕，也有為單篇論文作考訂的《王必昌〈台灣賦〉研究》〔註 42〕。2016 年有醫藥賦研究的《《全臺賦校訂》中的醫藥書寫》〔註 43〕研究。

　　部分提及志賦的學位論文，首先是：塗怡萱的《清代邊疆輿地賦研究》（2003）〔註 44〕，於〈第三章〈「清代邊疆輿地賦」題材內容之分析〉中分論新疆、西藏、臺灣的「地理區域」與「都邑名城」，然而清代臺灣志賦共有 27 篇，塗怡萱的論文僅討論 17 篇。其次是：涂敏華的《歷代都邑賦研究》（2007）〔註 45〕，涂敏華雖然也聚焦於「都邑賦」的研究，但因未參照臺灣府建城史料〔註 46〕，故論述之文本包含李欽文〈赤嵌城賦〉、周澎〈平南賦〉、卓肇昌〔註 47〕〈臺灣形勝賦〉、林夢麟〈臺灣形勝賦〉、陳輝〈臺海賦〉、林謙光〈臺灣賦〉、高拱乾〈臺灣賦〉、王必昌〈臺灣賦〉〔註 48〕、卓肇昌〈鳳山賦〉、張從政〈臺山賦〉、章甫〈臺陽形勝賦〉等賦。其三是：歐天發的《俗賦類型研究》（2008）〔註 49〕，2010 年再加入新的研究成果，以《俗賦之領域及類型研究》之書名重新出版，將日治時期部分報刊賦、鸞賦，分別以「詼諧」、「祈願」與「認知」等俗賦類型研究，尤其以田野調查的方式搜得數篇鸞賦，對於臺灣鸞賦文本之補足極具貢獻。

〔註41〕張加佳，《臺灣賦研究——以身分視域為觀察核心訂》，（嘉義：中正大學中國文學系暨研究所博士論文，2014 年 6 月）。

〔註42〕邱清麗，《王必昌〈台灣賦〉研究》，（臺中：中興大學中國文學系所碩士論文，2014 年 6 月）。

〔註43〕陳祐禎，《《全臺賦校訂》中的醫藥書寫》，（臺北：臺灣師範大學國文系碩士論文，2016 年 6 月）。

〔註44〕塗怡萱，《清代邊疆輿地賦研究》，（南投：暨南國際大學中國文學系碩士論文，2003 年）。

〔註45〕涂敏華，《歷代都邑賦研究》，（福建：福建師範大學博士論文，2007 年 5 月）。

〔註46〕雍正十一年（1733）「周植刺竹」、乾隆五年（1740）「就大北門內原營盤築土堡，高一丈一尺、周三百三十丈」。詳見：〔清〕王必昌總輯，《詳見：重修臺灣縣志》（上），（臺北市：文建會，2005 年 6 月），頁 169～172。道光十二年（1832）「添築石城」。詳見：〔清〕陳壽祺總纂，《道光福建通志臺灣府》（上），（臺北：文建會，2007 年 12 月），頁 156。

〔註47〕按：涂敏華的《歷代都邑賦研究》誤「卓肇昌」為「盧肇昌」。

〔註48〕按：涂敏華的《歷代都邑賦研究》誤「王必昌」為「王克捷」。

〔註49〕歐天發，《俗賦類型研究》，（高雄：高雄師範大學國文學系博士論文，2008 年 6 月）。

　　綜上所述，臺灣賦之研究成果無論單篇論文、學位論文較偏向方志〈藝文志〉收錄之賦作爲主要研究方向，此與臺灣古典文學研究興盛，臺灣方志之整理出版資料完整，相關臺灣史研究成果豐碩有關。其次是日治時期之鸞賦，鸞賦與宗教信俗有關，目前已有單篇論文，而報刊賦依不同報刊之日資、臺資背景，出版風格又有各別差異，似較複雜，研究者較志賦成果少。至於試賦乃制藝文章，格律、句法、押韻均有一定之要求，在尊唐之風尚下，賦作往往看不出創作者所置身之時空，研究難度較高，爲目前研究成果相對較少的領域。

第三節　論題意識與研究方法

一、論題意識的提出

　　由文獻回顧可見臺灣賦的研究成果，傾向志書〈藝文志〉中「地景想像」、「風土物產」等賦作，及日治時期的勸世鸞賦等。筆者以爲立足前人的研究基礎，可深入探索下述的幾個論題：

（一）「作品」之收錄、書寫、投稿空間與「作者」之創作意識

1. 「志賦」與志書〈凡例〉、〈藝文志〉編輯方針的關係。
2. 「志賦」爲志書（治書）服務的可能。
3. 考官拔文偏好對「試賦」與影響。
4. 不同出資立場的媒體，對「媒體賦」〔註50〕創作意向的影響。

〔註50〕Lisa Taylor, Andrew Willis 以爲「媒體，乃是由許多不同的傳播形式（forms）所組成，例如攝影、收音機、電視、電影、廣告、報紙與雜誌等。」在此定義之下，雖然遠自先秦即有捲軸式的書籍出現，然而現代「媒體」定義顯然著重於傳播訊息之功能，Melvin L.DeFleur, Everette E.Dennis 特別指十九世紀快速及大量印製的大眾媒體，亦即吉見俊哉所謂「語言的物質層次，亦即聲音、手寫的信、傳單與貼紙、被出版的書籍、被顯影的照片、錄音帶、電影膠卷……等等被當作『媒體』的每件東西，其實也正是語言本身，或說是訊息本身。」詳見：Lisa Taylor, Andrew Willis 著，簡妙如・管中祥等譯，《大眾傳播媒體新論》（臺北：韋伯文化，2002 年 9 月），頁 3。Melvin L.DeFleur, Everette E.Dennis 著，王筱璇、勤淑瑩合譯，《大眾傳播概論》（臺北：雙葉書廊，2005 年 5 月），頁 5。吉見俊哉著，蘇碩斌譯，《媒介文化論──給媒介學習者的 15 講》（臺北：群學出版社，2009 年 9 月），頁 6。
參酌前述學者之「媒體」定義，本文所謂之「媒體賦」專指：在清代「以賦取士」的政策下，積極參與舉業者莫不能律賦，進入日治時期面臨：①因應

（二）臺籍賦家對官方意識之回應

1. 臺士對「志賦」、「試賦」不同階段「典範」學習、接受、轉化的過程。
2. 臺士在異族統治下，選擇投稿日資、臺資「媒體賦」之心志意識。

（三）研究臺灣賦發展脈絡之必要性

本書所關注的「臺灣賦發展脈絡」，乃立基於清代臺灣如何由草昧初闢、原民多於漢民之環境空間，快速漢化，以至於如今所見賦篇成編的成果？其中官方意識介入或推行的過程如何？隨著臺籍士人的群起，已然成形的典範書寫又如何被臺籍士人所接受或轉化？又所謂的「官方」與「臺士」之間，並非二元對立，如志書〈藝文志〉中所收錄的臺籍賦家作品，這些賦家也同時為志書參修者，因此這類作品應視為「帶有官方色彩的臺籍賦家作品」，但臺灣私人賦集仍收錄有相關之都邑、地理、物產等賦作，本文將從「志賦群」的概念，研究「官方」對「帶有官方色彩的臺籍志賦」與「臺籍私人賦家地理賦」的影響，以及這兩類臺籍賦家如何回應官方的創作意識。

清代臺灣推行科舉考試的結果，造成臺灣賦大量以律賦的形式創作。然而細讀彼時文本，幾乎看不出作者所身處的時空背景。當「生逢科舉累人之世」的臺籍賦家，賦寫六朝金粉、盛唐氣象等擬古作品時，是否也能真實的反映「由試而仕」的內心企望？本文將分析清代三大臺籍賦家之主題偏好，研究臺籍賦家是否能超越「官方」的拔文準則，呈現擺盪其間的生命情懷。

異族統治、人心變異而興盛之鸞書；②「殖民現代性」帶來報紙、雜誌等新興的發表園地。亦即原本為場屋所用之清代臺灣律賦，因鼎革易代，有多種發表園地之選擇，故以「媒體賦」作為日治時期臺灣賦之總稱。

又，「媒體賦」中的「鸞賦」所發表之「鸞書」，是否能歸入「媒體」之廣義的「雜誌」類？根據李明水於《台灣雜誌事業發展史》中所云：「一八八五年，一名二十六歲的英國長老教會牧師巴克萊（Thomas Barclay），為了宣揚教義，由英國運來台灣首部印刷機，並召請台灣第一位印刷工人蘇沙，在台南印行《台灣府城教會報》。這可能是第一家在台灣印刷發行的刊物。不過，該刊物刊期不定，報導範圍狹隘，不符合現代人對「雜誌」的定義。但符合十九世紀以來快速及大量印製的大眾媒體定義。」（李明水，《台灣雜誌事業發展史》（臺北：臺灣省政府，1986年），頁9。蔡念中等，《大眾傳播概論》（臺北：五南，1998年），頁327。）

李明水認為：Thomas Barclay 的《台灣府城教會報》刊期不定，報導範圍狹隘，不符合現代人對「雜誌」的定義，但仍承認《台灣府城教會報》可能為第一家在台灣印刷發行的刊物。既然《台灣府城教會報》屬於印刷發行的刊物，那麼日治時期流行於台灣的鸞書上的鸞賦，亦可納入「媒體賦」的論述範圍之內。

　　臺灣賦進入後科舉時代，原本所具有的「佐志」與「佐治」功能性降低。彼時日籍賦家極少，賦作多出自臺籍賦家，代表官方意識的日資媒體早於殖民政府同步登臺，臺資媒體則於總督府的虎視下於 1919 年之後設立，日治初期臺籍賦家面臨的是如何藉由投稿意向、作品內容，隱微傳達「以賦寫志」等問題。

　　綜上所述，要能爬梳前述論題、勢必依「志賦」、「試賦」與「媒體賦」此臺灣賦三階段發展之研究，方能貫串統觀臺灣賦的發展脈絡。

二、研究範疇

（一）臺灣賦分期的問題

　　有關臺灣賦發展脈絡的研究，首先必須觸及臺灣賦分期的問題。2006 年許俊雅《全臺賦·導論》率先提出「臺灣賦的衍變發展」觀點，並作出下列分期：

　　　　清代臺灣賦的衍變發展

　　　　　　第一期（初期）：康熙二十二年至乾隆年間

　　　　　　第二期（中期）：乾隆中後期、嘉慶至咸豐年間

　　　　　　第三期（晚期）：同治至光緒 21 年

　　　　日治時期臺灣賦的衍變發展〔註51〕

許俊雅以清代三期與日治時期作爲臺灣賦發展脈絡的分期，2007 年詹杭倫回應了許俊雅的分期方式：

　　　　《全臺賦》收錄明鄭時期（1661～1683）、清治時期（1683～1895），

　　　　分爲初、中、晚三期、日據時期（1895～1945）的臺灣賦作，……

　　　　如此分期是從歷史發展角度著眼，自然沒有問題。但需要注意的是，

　　　　辭賦（這裏主要指律賦）是一種用於科舉考試的文體，關於臺灣辭

　　　　賦的分期還可以考慮到科舉的因素。……我提議，可以考慮把臺灣

　　　　的辭賦按照「科舉時代的賦作」與「後科舉時代的賦作」的兩個時

　　　　段來加以觀察。〔註52〕

〔註51〕許俊雅等主編，《全臺賦》（臺南：國家臺灣文學館籌備處，2006 年 12 月），頁 21～32。

〔註52〕詹杭倫，〈臺灣賦論略——評《全臺賦》〉，《東海大學文學院學報》，第 48 卷（2007 年 7 月），頁 532～533。

詹杭倫按照「科舉時代的賦作」與「後科舉時代的賦作」來觀察臺灣辭賦，這種區分方式固然能凸顯臺灣律賦大量產生的根源在於科舉制度的施行，卻無法含括清代臺灣志書〈藝文志〉所收錄之 27 篇志賦。

　　從現今已出版的《全臺賦》（2006）（《全臺賦校訂》（2014））、《臺灣賦集》（2007）兩本賦集，可以得知清初臺灣賦確實以志賦爲主。如同元、明兩代纂修《大元一統志》、《大明一統志》，編纂《大清一統志》乃清廷一統天下之首要任務，故通令全國各地官員主持纂志事業。隨著《大清一統志》的編纂，全國各地均有志賦之產生，臺灣賦亦有了官方正式的開端。相對於修志事業對臺灣賦具有肇始的重大意義，中原各地收錄之志賦並不具有相同的意義，主要是因爲賦之文體淵遠流長，於《大清一統志》之前已有其他史書、志書、類書收錄，因此清代各府志書收錄的賦作置諸該地文壇，或許具有地方代表性，但絕非一地賦作之開端。清代臺灣志賦之所以具有開創性，在於臺灣之漢化始於明鄭時期，康熙二十二年施琅來臺，將明鄭遺臣士兵盡數遣返，拔除反清復明的可能的同時，呈現「番多於漢」〔註53〕的住民比例，使臺灣漢文發展又推遲了好多年，既然本土還無法產生如同中原的漢文書寫環境，《大清一統志》的編纂促成宦臺官員主筆志賦，志賦因此修志因緣而成爲臺灣賦的開端。

　　由於「科舉時代的賦作」無法含括 27 篇志賦，因此只有將志賦獨立出來與試賦、媒體賦齊一論述，共同作爲清代臺灣賦鼎立而三的時代特色。

（二）提出「志賦」之必要性

臺灣志賦年代分配表

康熙年間				乾隆年間			咸豐年間	光緒年間
5 篇				17 篇			2 篇	3 篇
24 年（1685）	26 年（1687）	35 年（1696）	59 年（1720）	8 年（1743）	17 年（1752）	29 年（1764）	2 年（1852）	20 年（1894）
1 篇	1 篇	1 篇	2 篇	2 篇	5 篇	10 篇	2 篇	3 篇
非臺籍	非臺籍	非臺籍	臺籍	非臺籍	臺籍 2 篇 非臺籍 3 篇	臺籍 9 篇 非臺籍 1 篇	臺籍	非臺籍

〔註53〕尊重原住民族，本不宜稱「番」，本文由於引用清代志書文獻資料的關係，不得已沿用清代志書舊稱。

上表是依第三章「清代臺灣志賦收錄表」〔註54〕歸納成的簡表，由此表可見志賦的兩個主要問題：其一，作品集中在乾隆中期之前；其二，作品量與影響力無法與試賦並稱。「作品集中在乾隆中期之前」與「作品量與影響力無法與試賦並比」是現象，因此得出「志賦、試賦文本分置前後階段意義」的結果：

1. 作品集中於乾隆中期之前

由於清領臺灣之初，一府三縣文武職官，均集中駐守府城，以諸羅縣治為例，直到康熙四十三年（1704）文武職官始移歸諸羅山駐守〔註55〕，因此宦臺官員對臺灣的瞭解非常的模糊，所謂納臺灣入版圖僅只是「政治上」的統治，直到康熙五十三年（1714），法籍耶穌會神父馮秉正（Joseph de Mailla）等人奉命前來測繪臺灣，清廷才算首次完成臺灣府的測繪，該圖以中央山脈以東為番界，故馮秉正所繪之圖東部仍為一片空白。〔註56〕漢文書寫環境未成熟的臺灣，為了完成《大清一統志》，其中〈藝文志〉的作品多由主編邀稿撰寫。由「臺灣志賦年代分配表」所見，乾隆十七年以前，共有志賦12篇，其中臺籍賦家（兼志書參修者）作品4篇。但在乾隆二十九年臺籍賦家作品9篇，非臺籍僅1篇，顯然乾隆二十年（1755）「嚴禁冒籍應考條例碑」象徵臺灣本土士子崛起，而本土士子未崛起以前，志賦作者多為宦臺官員。

臺灣志賦的開端起於《大清一統志》的修志事業，但作品多集中在乾隆二十九年之前，此與朝廷三修《大清一統志》的時間表有關：

朝廷三修《大清一統志》時間表

次　　數	第一次	第二次	第三次
起迄時間	康熙 25 年（1686），間斷完成於乾隆 9 年（1744）	乾隆 29 年（1764）至 49 年（1784）	嘉慶 17 年（1812）至道光 22 年（1842）

〔註54〕按：詳見本書，頁68～70。

〔註55〕（康熙）「二十三年，設縣治於諸羅山(地為鄭氏故營址)，因以命名，取諸山羅列之義也。縣隸臺灣府，地南自蔦松、新港，東北至雞籠山後皆屬焉，極海而止（置縣後，以民少番多，距郡遼遠，縣署、北路參將營皆在開化里佳里興，離縣治南八十里。四十三年奉文：文武職官俱移歸諸羅山，縣治始定）。」可見清朝統治初期對於番人掌控不易，諸羅山距離府城較遠，若文武職官發生事故，支援不易，因此駐守在離諸羅縣治八十里遠的開化里佳里興，遲至康熙43年始移回諸羅山縣治。詳參周鍾瑄主修，《諸羅縣志》，頁76。

〔註56〕翁佳音，〈看得見與看不見的：清初輿圖所展現的臺灣歷史圖像〉，《「清代臺灣史研究」學術研討會》（臺北：中央研究院臺灣史研究所，2010年12月2日），頁5。

由上表所見，顯然臺灣志賦多完成於第二次的全國修志，而此時也正是臺灣本土文人群起參與撰賦之時。

2. 作品數量與影響力無法與試賦相比

清代科舉以律賦取士之故，律賦成為清代流行之賦體，文本大量佚失的情況下，現存清代律賦（扣除 7 篇律賦形式之志賦）有 67 篇。反之志賦因志書〈藝文志〉收錄之故，文本保存相對完整，卻僅有 27 篇。此與志賦之創作功能與流動傳播範圍，往往限於府學內。至於為求應試而努力鑽研的律賦書寫能力，除了官方的府學、縣學、公辦書院之外，更有私人書院、私塾，師友、同儕、試牘等。兩相比較，更凸顯志賦之影響力無法與試賦相比。形成臺灣士子進入日治時期的後科舉時代，賦作體裁仍以律賦為主要的寫賦形式，彰顯試賦影響力的深遠綿長。

3. 志賦、試賦文本分置前後階段的意義

清代臺灣賦的主流為試賦，雖然志賦在作品量與影響力遠不如試賦，若將「志賦」置諸於臺灣賦的發展脈絡中，則「志賦」正代表乾隆中期之前官方與臺籍賦家的創作意識。由於「臺籍賦家對官方意識之回應」為本文重要的論題意識，就臺灣試賦發展的脈絡來看，因清初寄籍冒籍問題嚴重，臺籍賦家極少，雍正五年（1727）明定臺籍身分需有田、屋入籍既定者，取具里鄰結狀，方准考試。乾隆二十年（1755）「嚴禁冒籍應考條例碑」明訂「憤冒籍之縱橫，……入籍三十年，有廬墓、睿產者，方准考試。」〔註57〕此為臺灣「科舉社羣」合力抵制「冒籍應考」最具代表性的宣言，意謂本土士子興起，存在多年的閩、粵子弟寄冒臺籍的弊端，終於徹底的終結。若以乾隆二十年（1755）作為臺士全面興起的里程碑，對照前述「臺灣志賦年代分配表」中作者籍貫，則發現 27 篇志賦作者為宦臺官員者，多在乾隆十七（1752）年之前，乾隆十七年之後僅有 4 位，1 位寫於乾隆二十九年（1764）、餘 3 位寫於光緒二十年（1894）割臺前夕。

綜觀試賦的發展脈絡，乾隆二十年之前，他鄉子弟寄冒臺籍的弊端尚未根除，加上文獻文本佚失嚴重，難以探究「臺籍賦家對官方意識之回應」問題。但因為志賦文獻文本保存完整，加上乾隆十七年有 9 篇臺灣賦家作品，正可探究「臺籍賦家對官方意識之回應」問題。因此就「文獻文本」保存的

〔註57〕尹章義，《臺灣開發史研究》（臺北：聯經書局，1989 年 12 月），頁 549～550。

角度觀察，志賦可代表臺灣第一階段的賦作特質。

（三）臺灣賦之三階段論述

臺灣賦的發展可分下列三個主要階段：

第一階段：「志賦」（清初至乾隆中期）。清初臺灣草昧初開，無文獻之徵，故以志書〈藝文志〉收錄之志賦為主，多完成於乾隆二十九年（1764）前。

第二階段：「試賦」（乾隆中期至清末）。康熙二十六年（1687），清廷在臺施行科舉，以律賦取士而形成試賦。然而乾隆二十年（1755）「嚴禁冒籍應考條例碑」之前，閩、粵子弟多寄、冒臺籍以取得功名，因此「嚴禁冒籍應考條例碑」具有指標性的意義。雖然現存清代臺灣律賦文本多在嘉慶之後，但未來仍有可能發掘乾隆中晚期之臺灣賦，本文因此以乾隆中期至清末作為試賦發展之時代斷限。

第三階段：「媒體賦」。甲午戰爭失敗，日清簽訂馬關條約割讓臺灣、澎湖、遼東半島，殖民政府廢除科舉，臺灣進入日治時期（1895～1945）的後科舉時代，殖民主始政的隔年即引進代表殖民政府傳聲筒之日資媒體。相對日資媒體賦（1903～1930）的是臺資鸞賦（1896～1915）與臺資的報刊雜誌賦（1919～1943）。

本書將依「志賦」、「試賦」與「媒體賦」此三階段，論述臺灣賦之發展脈絡。

三、研究方法

（一）文本與志書同步閱讀

清代四十餘本志書〈藝文志〉收錄之賦作標準，多明列於〈凡例〉中。欲論述「以賦佐志」〔註58〕如何發端？志書〈藝文志〉之收錄與志賦之關係

〔註58〕 〔清〕陸次雲〈與友論賦書〉云：「漢當秦火之餘，典墳殘缺，故博雅之儒，輯其山川名物，著而為賦，以代乘志。」〔清〕陸次雲，〈與友論作賦書〉，《北墅緒言》，《四庫全書存目叢書·集部》，第237冊（臺南：莊嚴文化事業公司，1997年6月），頁364。
又袁枚〈歷代賦話序〉亦以左思三都賦文成傳抄紙貴之盛況，歸諸於賦本身具有志書、類書之功能，詳見第三章第一節「臺灣志賦之肇始」。
王樹森亦云：「學者們遂將陸、袁二氏的論述總結為『賦代志乘』這樣一個重要的賦學命題。」詳見：王樹森，〈「賦代志乘」說評議——以都邑賦為中心〉，《中國韻文學刊》，第23卷第1期（2009年3月），頁51。
然而時至志書、類書已盛之清代，彼時臺灣志書之編纂，仍具「賦佐志乘」

如何？「以賦佐治」如何實際的運用？等論題，宜取「文本與志書同步閱讀」的研究方法。同樣的，所有清朝在臺推行科舉考試之第一手資料，包含不同時期的寄冒籍規定，「御定拔文準則」的形成過程，以及由志書中義塾、書院之學約、學規，搜尋有關教賦、學賦、習賦的內容等。又日治時期臺士如何藉神人共創鸞賦，作為「前清」與「日治」的連結，尤其宣講經書如同清代士人宣講庶民的御令，追求「日治／天爵」即延續「前清／人爵」，鸞賦研究亦必須參酌志書。

　　總計「文本與志書同步閱讀」的研究方法，廣泛運用於「志賦」與「試賦」的研究，用於本書第二章、第三章、第四章、第五章、第六章、第八章中。

（二）文獻、文本之搜採缺逸

　　目前臺灣賦文本除了志賦之外，仍多方持續搜羅補正中，因此本書進行的過程中，亦採取文獻與文本之「搜採缺逸」方法。

　　目前收錄於志書（藝文志）的季麒光〈客問〉【六條】為刪減本，經比對《蓉洲詩文稿選輯・東寧政事集》，方得出季麒光〈客問〉原屬賦之〈七〉體。其次清代試賦，由《法曹詩人壺仙賴雨若詩文全集》一書，補錄賴世觀（1857～1918）〈玉壺冰賦〉（以「一片冰心在玉壺」為韻）〔註59〕律賦一篇。又參酌日治時期臺灣日日新報（漢珍／YUMANI 清晰電子版）資料庫、日治時期期刊全文影像系統，補充現存日治時期報刊雜誌賦作之文本資料，以及賦論資料。

　　清代宦臺官員對康熙帝嚴令禁止之「寄、冒籍」政策，採取消極的態度，此舉造成開臺舉人蘇峨非臺籍的結果。蘇峨墓誌銘於 2009 年出土，證實本為「泉州同安人」之身分，現今典藏於閩臺緣博物館中。本文撰寫期間，得知泉州文庫的楊清江先生參與蘇峨墓誌銘出土之研究，並且拓有真跡，與楊先生先後以信件、郵件往來，承其提供開臺舉人蘇峨墓誌銘全文。過去學者對蘇峨本非臺籍有所推測，但未掌握直接證據，2009 年出土之蘇峨墓誌銘全文，即為直接證據。今將墓誌銘全文列於「附錄一」，以備對照。總計文獻與文本之「搜採缺逸」方法，運用於本書之第二章、第六章、第九章中。

　　觀點，如乾隆六年（1741）《重修福建臺灣府志》提出「藝文佐志乘所不逮」，詳見：〔清〕劉良璧纂輯，〈凡例〉，《重修福建臺灣府志》（上）（臺北：文建會，2005 年 6 月），頁 70。

〔註59〕《蓉洲詩文稿選輯・東寧政事集》與《法曹詩人壺仙賴雨若詩文全集》二書，乃施懿琳教授於上課提供之教材。

（三）細讀文本

試賦階段的主要研究重點之一，在於臺籍賦家如何回應御定「清眞雅正」的拔文準則，是擬古六朝、唐宋？還是能眞實反映投身科舉累人之世的心境？清代臺灣留存賦作量較大者，有三位功名止於秀才的賦家，參酌臺士「由試而仕」的終極志業，本文依其創作主題之偏好，選定特定賦家後「細讀文本」，解釋在一生功名卻止於秀才的殘酷現實下，賦作主題由「仕進」而轉變爲「隱逸」之因。總計「細讀文本」的研究方法，運用於本書第七章。

（四）傳媒概念之運用

媒體賦階段的主要研究重點，在於後科舉時代「賦體」書寫空間的轉變，臺籍賦家如何抉擇日資與臺資投稿園地？日治初期「日資報刊雜誌」與「臺資鸞書」發展同時，臺士於 1903 年開始發表賦作於日資報刊雜誌，直到 1937 年廢止漢文欄爲止，至於臺士發表鸞書賦與報刊賦於臺資媒體的時間由 1896 年至 1942 年〔註60〕，可見「媒體賦」的階段必須呈現「日資」與「臺資」雙軌發展。若要凸顯「作品」投稿空間與「作者」創作意識，必須參酌大眾傳播媒體於彼時之運用。總計「傳媒概念」之研究方法，運用於本書第九章。

第四節　論述架構

本書以臺灣賦主要發展的三階段爲主軸，論述「官方力量」、「作品產生」及臺籍文人在不同階段的「賦寫意識」等，凸顯不同階段官方對民間的創作影響與演變。就論述架構而言，先析論「志賦」、「試賦」與「媒體賦」三階段背景緣由，再依不同階段官方假政治力樹立的「典範」原則，如何形成創作上的主流意識影響臺籍賦家，臺灣賦歷經百餘年的淘洗，臺籍賦家又如何能逐漸形成自覺意識？以下分爲三階段論述之：

一、「志賦」階段

臺灣賦第一階段的發展乃依附於《大清一統志》之纂修，「以賦佐志」成

〔註60〕1937 年總督府爲配合侵華政策，強化敵我界限而廢止漢文欄，然而廢止漢文的政令對於部分媒體採取寬鬆的態度，如漢文通俗文藝雜誌《風月報》（後更名爲《南方》），內含藝妓小傳、唱酬文章、笑談謎鵡、舊學漢墨等輕鬆軟性的調性，意外成爲當時唯一被保留下來的漢文媒體。發表其上的媒體賦也因此跨過 1937 年廢止漢文欄的時限。

為「志賦」發展的有利因素。志書實為治書之用，志賦既依附於志書中，又必然發揮「以賦佐治」的功能。「志賦」階段分為三章（第二章至第四章）：

第二章「以賦佐志——沈光文〈臺灣賦〉、季麒光〈客問〉，主要探究：在官方《大清一統志》纂修之前，沈光文已踏察臺地二十餘年，臺志纂修之初無文獻可徵，諸羅縣令季麒光宦臺僅年餘，因與沈光文知交，故藉沈氏豐富的踏察資料與著作得以協助蔣毓英完成《臺灣府志》。沈氏〈臺灣賦〉、季氏〈客問〉百餘年來成為臺志纂修參考之用，二賦因此可視為「以賦佐志」之肇始。

第三章「志賦之收錄與書寫」，主要探究：官方志書，如何透過〈凡例〉、〈藝文志〉明訂之各種收錄準則形成典範，影響臺籍文人志賦寫作。分析 40餘本臺志〈凡例〉、〈藝文志〉明訂各種收錄準則，如：為收錄主編己作、同仁賦作預設準則，以賦佐志、保留文獻等等準則。志書收錄志賦有強烈的官方色彩，賦作者經常集「主政者、修志者、賦作者」於一身，因此「以賦佐志」收錄目的往往凌駕「保留文獻」目的之上。由於志書〈藝文志〉具有典範作用，「以賦佐志」書寫風格亦影響臺籍文人的私人賦作。

第四章「以賦佐治——鄭逆與王師之敘事模式」，主要探究：志賦既依附於志書中，具官方身份的賦家發揮「以賦佐治」的功能，如改變大多數漢人臣民內心的「前朝記憶」與延平郡王鄭成功抗清的忠烈形象，成為〈臺灣賦〉中「鄭清史」敘事模式。由「學、治、軍、史」四種官方作者身分，其賦篇內容不約而同的以「鄭逆、王師與盛世（聖世）」之敘事模式，重塑鄭成功抗清的忠烈形象。雖然志書〈藝文志〉具有典範作用，但臺籍賦家卻能「淡化」、「跳脫」鄭成功被官方「妖逆」化的賦寫意識，「鄭逆與王師」之敘事模式對臺籍作家影響有限。

二、「試賦」階段

臺灣賦第二階段的發展乃因朝廷開科「以律賦取士」，以賦取士成為「律賦」發展的重要因素。朝廷明定「清真雅正」為科場拔文準則，此對清代臺灣賦的發展具有典範性的引導作用。時至清代中晚期，臺籍賦家作品有能超越御定拔文準則，反映真實的生命書寫者。「試賦」階段分為三章（第五章至第七章）：

第五章「以賦取士——試賦形成之原因與背景」，主要探究：在「以賦取士」的科舉考試下，官方之文教政策（科考名額、編試賦集）、書院教育（習賦用書、學賦功課等）、臺籍士子之仕宦空間、應考意願等，如何影響清代臺

灣賦的整體發展。

第六章「試賦準則與題韻關係」，主要探究：「宗唐」與「清眞雅正」之御定拔文準則，對清代臺灣律賦整體發展之影響。以及在嚴格「科場程式」的限制下，律賦必須符合「宗唐」與「清眞雅正」的拔文準則，隨著逐漸制義化與僵化的拔文準則，臺籍賦家亦有跳脫偏離御定準則之作。

第七章「超越御定準則之生命書寫──曹敬賦作的『仕』與『隱』」，主要探究：臺士經百餘年御定拔文準則的淘洗後，臺灣賦家能否超越官方典範，仍能擁有作家自主性的生命情懷書寫？經比較現存臺灣三大賦家之賦作內容後，曹敬有較大量的賦作，表現出對「仕進」與「隱逸」的游移與矛盾，眞實的反映生逢科舉累人之世的生命書寫。

三、「媒體賦」階段

臺灣賦第三階段因鼎革易代而進入「後科舉時代」，初期賦家大多爲成長於科舉教育的前清士子。1903 年開始有發表於日資報刊雜誌上者，具民族意識者，於 1896～1915 年間多以「神人共作」的賦作形式發表於鸞書，1919 年之後賦作多發表於臺資報刊雜誌上。「媒體賦」階段分爲兩章（第八章至第九章）：

第八章「御令與神諭──日治時期鸞賦之『批判殖民』與『代天治民』」主要探究：1896～1915 年間前清士子如何藉鸞賦之創作，結合「御令」與「神諭」作爲日治時期安身立命之道。處於個人生涯與家國歷史雙重斷裂的鸞賦作者，以昔日科舉項目「律賦」，作爲「家國歷史」的關注與書寫，其內容有「緬懷前清」、「批判現況」，以及「無道則隱」的抵抗意識。在「個人生涯」的實踐部分，依鸞堂「由人爵而天爵」的論述，鸞賦隨鸞書傳播，實現「代天治民」的前清志業，成爲臺灣賦於日治時期積極介入社會的特殊發展。

第九章「以賦表志──後科舉時代之報刊雜誌賦」主要探究：鼎革易代後，臺士面對「日資／臺資」報刊賦之投稿抉擇的問題。賦本具有謳歌盛世、潤色鴻業的特質，臺士於日資雜誌報刊賦不免有少數的「頌揚與依附」之作，但卻有更多「抑鬱與悲秋」的書寫，顯然發表於日資報刊的臺士內心有抑鬱之感。1919 年之後臺資雜誌報刊興起，相對日資報刊較多的「抑鬱與悲秋」主題，臺資報刊則展現「沈潛與自信」、「昂揚與奮發」的賦作特質，顯然有藉賦體書寫自信、昂揚之心志。

第二章　以賦佐志——沈光文〈臺灣賦〉、季麒光〈客問〉

　　永曆五年（1651）沈光文（1612～1688）自金門赴泉州途中遭遇颶風，意外漂流來臺，爲臺灣教育之始，有「文獻初祖」的稱譽。雖然陸續有漢人渡海來臺，然而荷治之下孤掌難鳴，直到鄭成功驅逐荷蘭人，經營臺灣成爲反清復明的基地之前，臺灣幾乎沒有適合漢文文學發展的環境。永曆十五年（1661），荷蘭在臺灣的最後一任長官揆一（Fredrick Coijet，1620～？）獻熱蘭遮城投降，大量明鄭軍民入臺，據沈光文云：

> 憶余飄泊臺灣三十餘載，苦趣交集，則託之於詩。及寄居山中，每聞樵歌牧唱，間亦附和成歌，然亦淒涼寥落矣。

> 余初至之日，每見盲風癡雨，山瘴溪烟，人則去國懷鄉，地則遷陵變谷。即有一二高人，佳興不生，獨余娓娓好吟不倦，厥後幾以文字罹愆，遯避山野。〔註1〕

後因創作內容引發鄭經的猜忌，爲安全避居山野。〔註2〕直到康熙二十二至二十三年間（1683～1684），施琅登臺、朝廷派出首批官員赴任，沈光文與首任

〔註1〕 〔明〕沈光文，〈題梁溪季蓉洲先生海外詩文序〉，〔清〕季麒光著，李祖基點校，《蓉洲詩文稿選輯》（香港：香港人民，2006年1月），頁2。

〔註2〕 「及鄭大木掠有其地，斯菴以客禮相見。鄭經嗣爵，多所變更，斯菴知經無能爲，且以一賦寓譏諷，爲忌者所中，幾死於經。乃改服爲僧，入山不出，於目加溜灣番社傍教授生徒，兼以醫藥濟人。」詳見：〔清〕季麒光，〈沈光文列傳〉，〔清〕蔣毓英，《臺灣府志》（臺北市：文建會，2004年11月），頁254～255。按：康熙三十三年《蓉洲文稿》，亦收有〈沈光文傳〉，此傳較蔣毓英《臺灣府志》詳細，但內容大略相同。

諸羅縣令季麒光（1637～？）結成知交好友〔註3〕，經由季麒光撰寫〈沈光文傳〉，使沈光文二十餘年〔註4〕踏察臺灣的資料成果、賦作，得以流傳爲世人所知：

> 所著文有〈臺灣賦〉、〈東海賦〉、〈椰賦〉、〈桐花賦〉、〈芳草賦〉及〈花草果木雜記〉。〔註5〕

季麒光待沈光文亦師亦友，〈客問〉即有多處模擬〈臺灣賦〉，而〈客問〉又爲《臺志》百年來纂修所引述，因此沈光文〈臺灣賦〉、季麒光〈客問〉，爲清初臺灣「以賦佐志」的肇始，季麒光更立下編修志書不收錄己作的典範。

　　沈光文〈臺灣賦〉、季麒光〈客問〉開創以賦佐志、紀實探源的志賦特質，到了康熙三十五年（1696）高拱乾纂修《臺灣府志》收錄林謙光〈臺

〔註3〕　王淑蕙，〈從《蓉洲詩文稿選輯、東寧政事集》論季麒光宦臺始末及與沈光文之交遊〉，《臺灣古典文學研究集刊》第5號（2011年6月），頁105～108。

〔註4〕　有關「二十餘年的時間踏察臺灣」的說法，取自：
①〔清〕季麒光〈跋沈斯菴《襍紀詩》〉：「斯菴學富情深，雄於詞賦，浮沉寂寞於蠻烟瘴雨者二十餘年，凡登涉所至，耳目所及，無鉅細，皆有紀載。」（《蓉洲文稿選輯》，頁98）。
②然〔明〕沈光文〈題梁溪季蓉洲先生海外詩文序〉中自云：「憶余飄泊臺灣三十餘載，苦趣交集，則托之於詩。」（《蓉洲詩文選輯》，頁2）永曆五年（1651）沈光文來臺，而〈題梁溪季蓉洲先生海外詩文序〉中的落款爲「康熙丁卯孟夏望日，甬上年家教弟沈光文題，時年七十有六也」，顯然「憶余飄泊臺灣三十餘載」，指的是來臺時間之總數。
季麒光所云：「浮沉寂寞於蠻烟瘴雨者二十餘年，凡登涉所至，耳目所及，無鉅細，皆有紀載。」則是指〈跋沈斯菴《襍紀詩》〉中爲完成該《襍紀詩》，花費二十餘年時間登涉蠻烟瘴雨之歷程。沈光文康熙二十六年（1687），歲次丁卯四月十五日時自云七十六歲，可見其踏察活動，約止於六十六歲左右，此說亦合人類的生理活動年齡。又沈光文自永曆五年（1651）漂流來臺始，至康熙十六年（1677）止，約有26年的時間，符合季麒光所云：「浮沉寂寞於蠻烟瘴雨者二十餘年」的說法。前述二文，詳見：季麒光著，李祖基點校，《蓉洲詩文稿選輯》（香港：香港人民，2006年1月）。按：康熙三十三年刊刻的《蓉洲詩文稿》，該書現收藏於上海圖書館，封面書名下有「三國史論、東寧政事附，鄉先賢季蓉洲先生著，後學孫祖基珍藏」的小字題簽，右上角有「玉鑑堂藏書第八九四號」，廈門大學李祖基教授認爲孫祖基就是玉鑑堂的主人。《蓉洲詩文稿》一書分爲：詩、文、三國史論、東寧政事集四部分，2006年李氏從中選出季麒光宦臺期間的詩文作品，依原書原次序排列，點校出版《蓉洲詩文稿選輯、東寧政事集》。

〔註5〕　〔清〕季麒光，〈沈光文傳〉，李祖基點校，《蓉洲文稿選輯》（香港：香港人民，2006年1月），頁123～124。

灣賦〉、高拱乾〈臺灣賦〉已不復繼承「紀實探源」特質，而是開啓臺灣志賦的另一個脈絡。康熙六十年（1721）巡臺御史黃叔璥曾比較這兩種脈絡的差異：

> 榆林高拱乾〈臺灣賦〉率藉中土景物渲染，似不足以形容。無錫季麒光所著〈客問〉，獨不作泛設語，頗極臺地山川物產之勝；諸《志》略而不載，……〔註6〕

「紀實探源」本爲在地文人書寫志賦應有的特色，卻因彼時本土文人尚未興起，宦臺官員要能長期「踏察臺灣、紀實探源」也有實際的困難，因此高拱乾執筆志賦，不免流於黃叔璥所云「藉中土景物渲染」的寫法，此脈絡將於第三章「志賦之收錄與書寫」詳加論述。

沈、季二氏開創的「踏察臺灣、紀實探源」脈絡，後繼者僅有乾隆二十九年（1764）鳳山人卓肇昌，卓氏參閱《重修鳳山縣志》以自注形式撰寫〈臺灣形勝賦〉，接續沈、季二人的賦作風格。卓氏之後，時值臺籍士子埋首科舉律賦，爲符合「清眞雅正」的御定拔取標準，臺籍士子作賦多「藉中土景物渲染」的寫法，崇尚「宗唐」的風格。由此可知，沈光文、季麒光二人開創之「踏察臺灣、紀實探源」的志賦脈絡，以作品「量」而言，相較「藉中土景物渲染」的志賦脈絡微弱，以作品「質」而言其實更符合志賦精神，篇幅不多更顯得可貴。

現存沈、季二人文獻資料雖然有所缺佚，若以《臺志》與沈、季賦作，進行三方比對，仍可互爲彌補。如沈氏〈臺灣賦〉、〈東海賦〉、〈檨賦〉、〈桐花賦〉、〈芳草賦〉中，僅存一篇〈臺灣賦〉，又非原貌，但爬梳《臺志》相關文獻記載，可拼湊出沈氏二十餘年踏察紀實之創作態度、成果如何運用於《臺志》纂修。又如季氏〈客問〉爲「七」體，經比對〈客問〉、〈臺灣賦〉可見〈客問〉學習〈臺灣賦〉的痕跡。首先以沈賦爲核心，探究其踏察緣起、臺志纂修之助益、以賦佐志等賦作特色。次論季麒光〈客問〉之版本、體裁與模擬，探究〈客問〉作爲《臺志》纂修之參考文獻、纂志者刪去〈客問〉原文之客主問對形式，完成以賦佐志的過程。最後論述〈客問〉具有歷代「七」體中偏向志賦之特質、〈客問〉對沈氏創作精神之繼承等等。

〔註6〕〔清〕黃叔璥，《臺海使槎錄》《清代巡臺御史巡臺文獻》（北京：九州出版社，2009年12月），頁268。

第一節　沈光文之賦作特色

一、踏察緣起與賦作特色

（一）踏察緣起

臺灣賦始自明末太僕寺卿沈光文，沈氏少時以明經貢太學，明亡後往奔福王、桂王，初授五品工部郎中，後晉爲三品太僕少卿。永曆五年（1651）自金門赴泉州途中遭遇颶風，意外漂流來臺。據季麒光〈沈光文列傳〉記載：

> 沈光文，字文開，別號斯菴，浙江鄞縣人，故相文恭公世孫，以副車恩貢，歷仕紹興、福州、肇慶之間，由工部郎中加太僕少卿。

> 辛卯年，從肇慶至潮州，由海道抵金門。壬寅，八閩總制李公率泰聞其名，遣員致書幣邀之，斯菴不就。七月，挈其眷，買舟欲入泉州，過圍頭洋，遇颶風，飄泊至臺，不能返棹，遂寓居焉。

> 及鄭大木掠有其地，斯菴以客禮相見。鄭經嗣爵，多所變更，斯菴知經無能爲，且以一賦寓譏諷，爲忌者所中，幾死於經。乃改服爲僧，入山不出，於目加溜灣番社傍教授生徒，兼以醫藥濟人。

> 所著文有〈臺灣賦〉、〈東海賦〉、〈檨賦〉、〈桐花賦〉、〈芳草賦〉及〈花草果木雜記〉。〔註7〕

季氏宦臺期間與沈氏結爲莫逆，故能眞實撰述沈氏一生之籍貫、家族、功名，與寓臺後之生活與賦作。

（二）開臺賦篇具史乘特色

沈光文作於中原時期之詩文，由於遭逢亂離、颶風海難，亡佚殆盡。來臺後之作品，據其自述「今秋檢閱篋中，頓生悔愧，不論閒題記事，悉付祖龍。」〔註8〕在物質條件極艱困之際，許多作品因而焚毀。根據季麒光〈沈光文列傳〉中記載，沈氏著有〈臺灣賦〉、〈東海賦〉、〈檨賦〉、〈桐花賦〉、〈芳草賦〉五篇賦作，顯然康熙二十五年（1686）季氏離臺之前，沈氏五篇賦作已完成。沈氏五賦現今僅存〈臺灣賦〉（即范咸纂輯之《重修臺灣府志》收錄

〔註7〕　〔清〕季麒光，〈沈光文列傳〉，〔清〕蔣毓英，《臺灣府志》，（臺北市：文建會，2004 年 11 月），頁 254～5。按：康熙三十三年《蓉洲文稿》，亦收有〈沈光文傳〉，此傳較蔣毓英《臺灣府志》詳細，但內容大略相同。

〔註8〕　〔明〕沈光文，〈寄跡效人吟・引言〉，《全臺詩》第 1 冊，頁 51。

之沈光文〈平臺灣序〉)，〈臺灣賦〉經盛成考證爲後人修改之僞作，盛成抽離還原〈臺灣賦〉的原文並增註爲〈臺灣序并註〉一文，雖然盛成的研究引證浩博，但畢竟已非沈光文〈臺灣賦〉之原貌，故《全臺賦校訂》將沈光文〈臺灣賦〉列爲附錄〔註9〕。

多數學者認同沈光文所創作之賦篇爲開臺賦作〔註10〕，其創作態度可從季麒光〈跋沈斯菴《襍紀詩》〉及沈光文〈寄跡效人吟・引言〉窺見之：

> 斯菴學富情深，雄於詞賦，浮沉寂寞於蠻烟瘴雨者二十餘年，凡登涉所至，耳目所及，無鉅細，皆有紀載。其間如山水，如津梁，如佛宇神祠、禽魚菓木，大者紀勝尋源，小者辦名別類，斯菴眞有心人哉！……今斯菴此詩，雖云紀事紀物，而以海外之奇，備從前《職方》所未有。則是詩也，即古《國風》矣，烏可以不傳。〔註11〕

> 辛卯以來，借居海島，登山問水，靡不有詩，……雖邱壑情深，覺感激時露，……〔註12〕

《漢書・藝文志》云：「不歌而誦謂之賦，登高能賦可以爲大夫」。沈氏自永曆五年（1651）來臺，至康熙二十三年（1684）十一月九日季麒光宦臺與之結爲知交之前〔註13〕，沈氏總計在臺渡過「浮沉寂寞於蠻烟瘴雨者二十餘年」的生活，所幸「凡登涉所至，耳目所及，無鉅細，皆有紀載。其間如山水，如津梁，如佛宇神祠、禽魚菓木，大者紀勝尋源，小者辦名別類。」沈氏對於臺灣山水、津梁、佛宇神祠、禽魚菓木等加以觀察，完成〈臺灣輿圖考〉、〈草木雜記〉，及〈臺灣賦〉、〈東海賦〉、〈樣賦〉、〈桐花賦〉、〈芳草賦〉等賦篇。由篇名所見寫作主題，多著墨於「地域」與「物產」，如〈臺灣賦〉以臺灣之地理、歷史、形勝、物產等，〈東海賦〉〔註14〕或以中原視角東望東海海

〔註9〕　簡宗梧、許俊雅主編，《全臺賦校訂》，（臺南：國立臺灣文學館，2014 年），頁 499～508。

〔註10〕　按：如《臺灣賦集》之首篇即爲沈光文之〈臺灣賦〉。詳見：黃哲永、吳福助主編，《臺灣賦集》（臺中市：文听閣圖書，2007 年），頁 1～5。

〔註11〕　〔清〕季麒光，〈跋沈斯菴《襍紀詩》〉《蓉洲文稿選輯》，頁 98。

〔註12〕　〔明〕沈光文，〈寄跡效人吟・引言〉，施懿琳等，《全臺詩》第 1 冊（臺南：國家文學館，2004 年 2 月），頁 51。

〔註13〕　王淑蕙，〈從《蓉洲詩文稿選輯、東寧政事集》論季麒光宦臺始末及與沈光文之交遊〉，頁 122～3。

〔註14〕　〔清〕季麒光，〈壽沈斯菴〉「先生獨昵余，不以薄書鄙。……蕩紙爲歌詩，素心自相矢。茫茫大海東，位置余與爾，千古慎勿護，悠然此流水。」《蓉洲

域包含臺地之星野建置等，符合志書中的〈疆域志〉。如〈檨賦〉、〈桐花賦〉、〈芳草賦〉，是以春季「桐花」與夏季盛產之「芒果」、「芳草」等符合志書中的〈物產志〉。沈光文傾其心力，於荒煙蔓草中採擷臺地風土撰就賦篇，故季麒光以「學富情深，雄於詞賦」稱之。沈光文於〈寄跡效人吟·引言〉中亦自云「邱壑情深，感激時露」。可見沈氏踏察臺灣、時相登覽、寄情山水之際，開啓臺灣賦作之輿地紀實傳統。

二、「以賦佐志」之肇始

沈光文以一介明遺的身分，能於清領初期融入官員社交網絡，《草木雜記》、〈臺灣賦〉等著作得以留存於志書，〈臺灣賦〉能開創「以賦佐志」書寫脈絡，其關鍵在於豐富的踏察成果、以及協助季麒光纂修《臺灣郡志》稿〔註15〕。雖然因明遺的身分〈臺灣賦〉被改寫，其「以賦佐志」之功能終為臺灣修志事業與志賦的發展作出貢獻。

（一）治臺灣難，志臺灣尤難——清初在臺官員的挑戰

康熙二十四年底，朝廷設立志局，全國各地同時開啓設局修志事宜，臺灣在此波修志範圍中，其執行上有極大的困難，如首任諸羅縣令季麒光〈華蒼崖傳〉云：

> 渡海以來，諸羅新設之邑，無城郭，無衙舍，無街市都聚之會。一望蓁茅，村墟蕭散，民襪而貧，地疏而曠。所隸土番，皆文項雕題，鳩形鵠面，重譯而始通一語。〔註16〕

渡海來臺一年〔註17〕所見如此，試問《臺志》如何完稿？加上原住民管理上的困難，故而形成纂修臺灣志書的極大困難。

詩稿選輯》，頁15。按：季麒光以「大海東」對比「季、沈」二人之友情，有「地域／情誼」之比，季沈二人習慣以詩文倡和，因此沈光文之〈東海賦〉，是否有可能藉此回應季氏之詩？或者純粹賦寫臺灣之星野、地輿？

〔註15〕王淑蕙，〈隱藏的參與者——《臺灣府志》纂修與沈光文貢獻研究〉，《臺陽文史研究》第三期（2018年1月），頁67～99。

〔註16〕〔清〕季麒光，〈華蒼崖傳〉，李祖基點校，《蓉洲文稿選輯》，頁126。

〔註17〕季麒光〈華蒼崖傳〉寫於康熙25年（1686）年5月15日之前，距離季氏康熙23年（1684）11月8日到任，季氏在臺已有一年多。詳見：王淑蕙，〈從《蓉洲詩文稿選輯、東寧政事集》論季麒光宦臺始末及與沈光文之交遊〉，頁142～143。

1. 原漢衝突，造成管理上的困難

清初臺灣原住民漢化未深，臺灣府、臺灣、鳳山二縣，約在臺南、嘉義、鳳山一帶。諸羅縣境嘉義以北至基隆人煙罕至，瘴氣劇毒觸之即死，後山一帶更是杳不知聞。彼時官員對臺灣「管理」的困難，除了瘴氣劇毒之外，還有原住民族管理上的困難，如《淡水廳志》卷十一《考一　風俗考・番俗》引述康熙三十五、三十六年（1696～1697）間郁永河之〈番境補遺〉：

> 斗尾、龍岸番，皆偉岸多力，文身文面，狀同魔鬼；出則焚掠殺人。

> 土番聞其出，皆號哭走避。鄭經統兵往勦，深入不見一人。〔註18〕

本段引文以漢人為視角，表達原住民紋身紋面的文化，以及漢化較深的原住民對斗尾、龍岸原住民的莫名恐懼。由於斗尾、龍岸原住民的偉岸多力，一府三縣文武職官基於現實上的安全均集中駐守府城，以諸羅縣治為例，直到康熙四十三年（1704）文武職官始由府城移歸諸羅山駐守〔註19〕，由此可知宦臺官員對臺灣的瞭解其實非常的模糊，所謂納臺灣入版圖僅只是「政治上」的統治，實際上直到康熙五十三年（1714），法籍耶穌會神父馮秉正（Joseph de Mailla）等人奉命前來測繪臺灣，清廷才算首次完成臺灣府的測繪，該圖以中央山脈以東為番界，馮秉正所繪之圖東部仍為一片空白。〔註20〕

直到康熙六十年（1721），臺灣原住民管理問題仍構成極大的威脅。如藍鼎元所撰之〈東征集〉：「生番殺人，臺中常事。此輩雖有人形，全無人理，穿林飛菁如鳥獸、猿猴。撫之不能，勦之不忍，則亦末如之何矣。……其殺人，割截首級，烹剝去皮肉，飾髑髏以金，誇耀其眾；眾遂推為雄長，野性固然，設法防閑，或可稍為斂戢，究未有長策也。」〔註21〕原住民管理問題直到乙未戰事臺灣進入日治時期（1895～1945）的前夕，光緒二十年（1894）

〔註18〕　〔清〕陳培桂主修，《淡水廳志》，（臺北：文建會，2006 年 6 月），頁 404。

〔註19〕　（康熙）「二十三年，設縣治於諸羅山（地為鄭氏故營址），因以命名，取諸山羅列之義也。縣隸臺灣府，地南自蔦松、新港，東北至雞籠山後皆屬焉，極海而止（置縣後，以民少番多，距郡遼遠，縣署、北路參將營皆在開化里佳里興，離縣治南八十里。四十三年奉文：文武職官俱移歸諸羅山，縣治始定）。」可見清朝統治初期對於番人掌控不易，諸羅山距離府城較遠，若文武職官發生事故，支援不易，因此駐守在離諸羅縣治八十里遠的開化里佳里興，遲至康熙 43 年始遷回諸羅山縣治。詳參周鍾瑄主修，《諸羅縣志》，頁 76。

〔註20〕　翁佳音，〈看得見與看不見的：清初輿圖所展現的臺灣歷史圖像〉，《「清代臺灣史研究」學術研討會》（臺北：中央研究院臺灣史研究所，2010 年 12 月 2 日），頁 5。

〔註21〕　〔清〕陳培桂，《考一風俗考・番俗》，《淡水廳志》，頁 404～5。

屠繼善纂修《恒春縣志》，仍列有卷十九《凶番》條目，足見整個清代對臺灣全島之掌控是「政治上」的象徵性，大於「管理上」的實質性。既然無法全境掌控，加上能漢文者不多，人力、物力、文獻、史料俱不足的情況下，《臺志》纂修面臨極大的困難。

2. 在臺修志較內地困難

諸羅縣令季麒光參與《臺灣府志》纂修，代福建分巡臺廈道周昌作〈臺灣誌書前序〉，說明《大清一統志》引領的臺灣修志事業之肇始：

> 癸亥六月，大將軍施公奉命專征，……越二年，我皇上以方輿之廣超越百王，特命史臣大修一統誌書，詔天下各進其郡縣之誌，以資修葺。台灣草昧初開，無文獻之徵，郡守暨陽蔣君經始其事，鳳山楊令芳聲、諸羅季令麒光廣為搜討。閱三月而君董其成，分條析目，一如他郡之例。……書成上之方伯，貢之史館。〔註22〕

季氏將康熙二十二年（1683）六月納臺灣入版圖一事，與二十四年（1685）底設局開館纂修《大清一統志》在時序上連為因果關係。其實明鄭覆滅後清廷無意納入臺灣，經施琅上〈請留臺灣疏〉力陳棄留之利害，朝廷方設立一府（臺灣府）三縣（臺灣縣、鳳山縣、諸羅縣），隸屬福建省。可見彼時纂修《大清一統志》之因並非「收臺灣入版圖」，而在於「明代政權」完結，清朝大一統施政版圖全面展開。因此即使臺灣草昧初開，無文獻可徵，但在知府蔣毓英的領導下，鳳山令楊芳聲、諸羅令季麒光分別搜羅，僅歷三月《臺灣府志》書成，分條析目，一如他郡之例。

事實上「在臺修志較內地困難」的論點，貫穿整個清代。如：康熙三十五年（1696）楊廷耀〈臺灣府志序〉論述纂修臺志較內地困難：

> 余竊疑荒裔之與內地較難，而創始之與纂修又異，似未可同日而語也。……臺孤懸海外，歷漢、唐、宋、元所未聞傳；自明季天啟間方有倭奴、荷蘭屯處，商販頗聚；繼為鄭成功遁踞，流亡漸集；數十年來，不過為群盜逋逃藪耳。今上二十一年，特命靖海將軍侯施公率師討平之，始入版圖，置郡邑。詢其民，陋於雕題黑齒；問其俗，猶是飲血茹毛；既無廢興沿革之可稽，亦安有聲名文物之足紀乎？〔註23〕

〔註22〕〔清〕季麒光，〈臺灣誌書前序〉，〔清〕蔣毓英纂修，《臺灣府志》（臺北：文建會，2004年11月），頁122。

〔註23〕〔清〕楊廷耀，〈臺灣府志序〉，〔清〕高拱乾纂輯，《風土志・土番風俗》，《臺

又如嘉慶年間三次纂修之《續修臺灣縣志》，亦深感臺志難修：

> 江文通曰：『作史莫難於志。』吾謂治臺灣難，志臺灣尤難；然非志
> 之詳，則治之亦必不備。臺灣，海島陬區，古圖牒所未載，語言不
> 通，袒裸盱睢，僅據『毗舍耶國』、『華嚴婆娑世界』之說一一書之，
> 其能無屚以粿乎？〔註24〕

可見「治臺灣難，志臺灣尤難」之說，乃爲清代修臺志者之公論。在無法全
境掌控，能漢文者不多，人力、物力、文獻、史料俱不足的情況下，首修《臺
灣府志》能於二個月內完成，得力於有豐富踏察經驗的沈光文。

（二）助益修志事業

康熙三十年（1691）朝廷以「三年俸滿即陞」〔註25〕誘因，鼓勵官員勇
赴臺灣。臺灣乃原住民多於漢民的新闢之地，官員無法實際掌握全境，又逢
朝廷宣達《一統志》之修志御令，基於安全上的現實理由，官員無法實際踏
察全臺，又需於限期內上呈志書，若無法於期限內繳交，則「期滿陞任」難
以如願。所幸早在清宦抵臺之前，沈光文以一介布衣，孤身一人，不具任何
物質、人力的支援，在極困頓的條件下，以二十餘年之光陰，登山涉水、觀
察津梁、佛祠建築，或者紀勝尋源，或將禽魚草木，辦名別類。「山水」即蔣
毓英《臺灣府志》卷二中的〈敘山〉、卷三中的〈敘川〉；「津梁」即卷六中的
〈市廛〉【附渡橋】；「佛宇神祠」即卷六中的〈廟宇〉；「禽魚菓木」即卷四中
的〈物產〉。沈氏踏察臺灣二十餘年，其成果自然成爲「治臺灣難，志臺灣尤
難」〔註26〕的《臺志》纂修基礎，季氏推崇《裨紀詩》爲臺灣《國風》，並非

灣府志》，頁 27。

〔註24〕〔清〕政清華，〈續修臺灣縣志序〉，〔清〕謝金鑾、鄭兼才總纂，《續修臺灣
縣志》（臺北：文建會，2007 年 6 月），頁 25。

〔註25〕康熙三十年，奉旨：『臺灣各官自道員以下、教職以上，俱照廣西南寧等府之
例，將品級相當現任官員內揀選調補。三年俸滿，即陞。如無品級相當堪調
之員，仍歸部選。著爲令。』、「乾隆八年，奉上諭……又議准：『臺灣訓導三
年報滿，准其調回內地即陞。遇應陞月分，以縣丞、府經等官陞用。如該員
俸次應陞學正、教諭之時，吏部截定俸次，令該督、撫挨次論俸陞用』。又議
准：『嗣後臺灣府、廳、縣，准其照道員、佐雜、教職等官一體三年期滿，報
明該督、撫照例具題分別陞用，免其留臺協辦。』」詳見：〔清〕六十七、范
咸主編，《職官》，《重修臺灣府志》（上）（臺北市：文建會，2005 年 6 月），
頁 203～4。

〔註26〕〔清〕政清華，〈續修臺灣縣志序〉，〔清〕謝金鑾、鄭兼才總纂，《續修臺灣
縣志》（臺北：文建會，2007 年 6 月），頁 25。

空言。沈光文累積二十餘年之踏察成果，正好解決《臺志》纂修之極大困境，因此沈光文對於清初臺灣修志事業之貢獻，足以使他突破明遺的身分，成爲臺灣最高行政首長「鎮臺署」嘉賓，以及創設臺灣詩社之助力。

1. 季麒光《臺灣郡志》稿與明遺融入「清宦人際網絡」
　　──沈氏協助修志之證明

（1）季麒光《臺灣郡志》稿

　　蔣毓英《臺灣府志》於康熙二十五年（1686）一月完成後，上呈福建巡撫進史館，同年補刻入《福建通志》中〔註27〕。蔣毓英《臺灣府志》之刊行「當是蔣氏於康熙二十八年（1689）調職回大陸後，由其家屬在大陸刊行。」〔註28〕數年後，已不知有蔣毓英《臺灣府志》存在，直到乾隆十二年（1747）《重修臺灣府志‧職官列傳》，以爲季麒光乃臺灣方志纂修之第一人：

> 季麒光，無錫人；康熙丙辰進士。二十三年，知諸羅縣事。……在任踰年，首創《臺灣郡志》，綜其山川、風物、戶口、土田、阨塞；未及終編，以憂去。三十五年，副使高拱乾因其稿纂成之。〔註29〕

清制宦臺官員一任三年，但實際上季麒光康熙二十三年（1684）十一月八日到任，二十五年（1686）五月十五日以後離臺〔註30〕，宦臺僅年餘即因丁憂離臺。今見季氏《東寧政事集》列有〈詳免二十三年半徵文〉等共 50 篇公文，身處範圍最大（凶番最多）的諸羅縣，雖有華蒼崖（1626～1686）相助〔註31〕，一年之間如何同時進行山川、風物、戶口、土田、阨塞等調查並撰寫志書？

〔註27〕〔清〕金鋐主修，《康熙福建通志臺灣府》（臺北：文建會，2004 年 11 月），頁 15。

〔註28〕〔清〕陳碧笙，《臺灣府志校注》（廈門：廈門大學出版社，1895 年 11 月），頁 2～3。

〔註29〕〔清〕六十七、范咸主編，《藝文三》，《重修臺灣府志》（上）（臺北市：文建會，2005 年 6 月），頁 240。

〔註30〕王淑蕙，〈從《蓉洲詩文稿選輯、東寧政事集》論季麒光宦臺始末及與沈光文之交遊〉，頁 110～112。

〔註31〕華蒼崖係麒光出知閩清以來，隨之渡海來臺唯一最重要的幕僚。甚至季氏接獲訃音含悲抱慟的處理政事時，也是蒼崖助其完成的。可惜未久染病身亡，季氏在離臺前夕親筆寫下〈華蒼崖傳〉悼念之。詳見季麒光，〈華蒼崖傳〉《蓉洲文稿選輯》，頁 127。華氏之生卒年，詳見：王淑蕙，〈從《蓉洲詩文稿選輯、東寧政事集》論季麒光宦臺始末及與沈光文之交遊〉，頁 106～8。

　　由於季氏詩題具有「記實」特色，如〈斯菴病後，余速其出門，約向廠中策蹇而來，竟爾不果，詩以訊之〉〔註32〕，今檢視《蓉洲詩文稿選輯》中諸作，其中最多與沈光文唱和詩作，如：「先生魯國儒，掉臂慣經史。致身早不成，棲泊在海渚。及余蠻天來，笑談無依倚。先生獨昵余，不以簿書鄙。官衙寂如冰，一日常倒屣。論書肆網羅，究古別疑似。解帶發高吟，欣賞時撫几。……」（〈壽沈斯菴〉《蓉洲詩稿選輯》，頁 15）既是官衙無事，一日常倒屣，欣賞時撫几，如何撰寫《臺灣郡志》稿？有關二人出訪可能涉及的踏察記述，僅有七律〈同沈斯菴、陳都督、鄭副使過彌陀室看春，值王參戎暨宰贊天、韓震西兩都護小飲竹下，即事漫賦和斯菴韻〉（《蓉洲詩稿選輯》，頁 45）、七絕〈同沈斯菴檨林觀射，見少婦汲水〉（《蓉洲詩稿選輯》，頁 58），一為至彌陀寺春遊、二為觀看土番於芒果園射擊。季氏作品中較接近踏察內容的，文有〈臺灣雜記〉、〈番俗紀畧〉、〈客問〉，詩有七言絕句〈番婦行〉五首。屬怪異奇談者有〈臺灣雜記〉，屬番俗者有〈番俗紀畧〉、〈番婦行〉五首，接近志書的有〈客問〉。〈客問〉在文字上有部分模擬〈臺灣賦〉（〈平臺灣序〉）、排比鋪陳有部分參考志書類別。今《臺灣郡志》稿既為《臺灣府志》稿本，但事實上季氏又不可能實際踏察風物、戶口、土田、阨塞等，由此合理推測或想像《臺灣郡志》稿保留沈氏「浮沉寂寞於蠻烟瘴雨者二十餘年，凡登涉所至，耳目所及，無鉅細，皆有紀載。其間如山水，如津梁，如佛宇神祠、禽魚巢木，大者紀勝尋源，小者辨名別類」之心血。

　　（2）明遺融入「清宦人際網絡」

　　沈光文以一介出世遺老，能為最高行政首長邀集「鎮臺署」聚飲的座上賓，即說明沈氏對於彼時官員有所貢獻，因此順利融入官員們的人際網絡。沈氏之貢獻在於具有豐富的踏察經驗，能解決官員風俗治理或纂修志書的疑難。因此能以遺老的身分備受禮遇，由以下「康熙二十四年（1685）〈《東吟詩》序〉中的「詩社社員排名」、「康熙二十五年（1686）年正月初八之『鎮臺署』聚飲活動」二例可見一斑：

　　①康熙二十四年（1685）〈《東吟詩》序〉中的「詩社社員排名」

　　　　今上康熙二十有四年乙丑嘉平，四明沈斯菴光文、宛陵韓震西又琦、
　　　　關中趙素菴行可、會稽陳易佩元圖、山陰陶寄菴禎錫、錫山華蒼崖袞、

────────────

〔註32〕〈斯菴病後，余速其出門，約向廠中策蹇而來，竟爾不果，詩以訊之〉為五言絕句三首。按：經比對上海圖書館藏《蓉洲詩文稿》與李氏的《蓉洲詩稿選輯》，發現李氏出版《蓉洲詩稿選輯》之季氏宦臺作品，遺漏此首詩。

鄭紫山廷桂、榕城林御輕奕、丹霞吳衣芙蕖、輪山楊載南宗城、莆陽
王鴻致際慧，集「東吟社」而序之者，梁溪季蓉洲麒光也。〔註33〕

臺灣第一詩社「福臺閒詠」為「東吟社」之前身，詩社之成員具有流動性。以〈《東吟詩》序〉中的「詩社社員排名」為例，「排名」往往也是一種人際地位的呈現，沈光文位居首位，排名第二位的是「武衛」鎮標左營遊擊韓又琦，排名第三位的是「文官」臺灣縣縣丞趙行可〔註34〕，排名第六位的是隨諸羅縣令季麒光赴任的「幕僚」華蒼崖。其餘如陳元圖、陶禎錫均與季麒光有詩文之倡和，但不知其身份，很可能同華蒼崖一樣是隨官赴任的「幕僚」。沈光文時年七十四，被眾官員士人推居首位，除了年長聲望高之外，彼時豐碩的寓臺經驗，當為宦臺官員們所欲請益的對象。

②康熙二十五年（1686）年正月初八之「鎮臺署」聚飲活動

季麒光曾於〈春王穀日，諸君子聚飲鎮臺署中，即以聚字限韻賦詩，人不一體，斯菴攜稿索和，雖不及廁席言歡，而良辰勝會，風流可再，因率筆賡續，以當紀言〉中，詳實記載沈光文參與當時最高行政首長福建分巡臺廈道周昌〔註35〕集群官于北園賦詩讌飲之事：

會稽有客〔註36〕能狂歌，長文才調真無數。雄談咳吐驚江梅，落
筆時使蛟龍怒。陶生〔註37〕虬鬚如戟張，胸中甲兵同武庫。對酒
不飲興自翩，一盞安詳咀風趣。帳前艸檄赤水人，仲章揮洒成露布。
四明風雅三山才〔註38〕，嘯傲雍雍立秋鷺。江南趙生〔註39〕趙倚

〔註33〕〔清〕季麒光，〈東吟社序〉《蓉洲文稿選輯》，頁94。按：詩社之成員頗為自由，如沈光文寫於康熙二十四年四月的〈東吟社序〉所載之社員名單，與季氏寫於同年十二月之《東吟詩》序〉不同。

〔註34〕「臺灣縣丞：趙行可【陝西永昌衛人，貢生】。」、「鎮標左營遊擊：韓又琦。」詳見：〔清〕蔣毓英，《臺灣府志》，卷八，頁241、244。

〔註35〕「周昌　遼陽人，癸丑進士。由汀漳道調補，康熙二十五年任，二十七年奉文解任回京。」詳見：〔清〕高拱乾，《臺灣府志》，頁130。

〔註36〕指陳元圖。據季麒光《東吟詩》敘〉中，東吟社會員有：「會稽陳易佩元圖」。詳見：〔清〕季麒光，〈《東吟詩》敘〉，《蓉洲文稿選輯》，頁94。

〔註37〕指「陶禎錫」。據季麒光〈《東吟詩》敘〉，東吟社會員有：「山陰陶寄菴禎勖」。詳見：〔清〕季麒光，〈《東吟詩》敘〉，《蓉洲文稿選輯》，頁94。

〔註38〕三山指福州城，故「三山才」應指〈《東吟詩》敘〉中，出身福建的東吟社會員：榕城林御輕奕、輪山楊載南宗成；莆陽王鴻致際慧。榕城、輪山、莆陽都屬福建地區。

〔註39〕「江南趙生」疑為趙可行。據季麒光，〈《東吟詩》敘〉，東吟社會員有：「關中趙素菴行可」。詳見：〔清〕季麒光，〈《東吟詩》敘〉，《蓉洲文稿選輯》頁94。

樓，一聲長笛驚人句。慷慨不辭千百觴，才名籍甚公卿注。座中老僧〔註40〕逸致閒，矍鑠年逾七十五。詩情酒態兩淋漓，墨光夜夜燈前吐。…將軍裘帶禮數寬，諸公袞袞屬舟赴。……漫復長謠紀勝遊〔註41〕，老顛喝月婆娑舞。黃州蜜酒天廚膏，重期再會知何處？後堂絲竹許嚶鳴，……（《蓉洲詩稿選輯》，頁 23）

詩中「座中老僧逸致閒，矍鑠年逾七十五。」記載沈光文七十五歲，由於康熙二十六年（1687）沈光文七十六歲〔註42〕，可見本詩寫於康熙二十五年的正月初八。正與《臺灣府志》初稿完成之時間點重疊：

《蔣志》初稿約完成於二十五年（一六八六）一、二月間，後呈送臺廈道周昌，周昌又為之參覆審定，始轉呈福建巡撫，送入史館，此即後來康熙《福建通志》補刻的主要依據。〔註43〕

高拱乾《臺灣府志》記載周昌於康熙二十五年就任臺廈道，一上任即需審定《臺灣府志》上呈福建巡撫，此正月初八即是年節，由周昌邀集修志諸君於美酒絲竹饗宴中，吟詩聚飲於鎮臺署中，是相當合理的推測。否則初上任之最高行政首長的座上嘉賓，不是「將軍」就是「諸公」、名士，那有「前朝遺民」與「出世逸民」的位置？如非沈光文協助修志時程上的燃眉之急，一介草民七十老者如何能在「新興的政權結構」中成為「座上嘉賓」？又如何以「座中老僧逸致閒，矍鑠年逾七十五」的形象，出現在清宦歡聚聯吟的「群」體活動中？

〔註40〕 「座中老僧」指沈光文：《蓉洲詩稿選輯》中以「老僧」稱沈光文者有二：〈積雨斷薪，向鳳山君索之，知斯菴老僧有同病也，詩以訊之。雖史雲之塵；邵公之臥，同一清節，然薄宦之淒涼與幽人之閒淡，則有間矣〉頁 54、〈斯菴老僧一日寢食失平，口藥靜攝。余知而叩之，則為人治病，出門矣。昔五地菩薩游於槃起之國，偶患濕熱，見國人有病，則以醒醐上藥，各往治之。具□慈悲，遂授如來印教。今老僧羈旅之踪，懸壺寄隱，是現藥王身而為說法也。然日為人療濟，而不聞有人作供養平等法。乃知老僧能活人，而人不能頂禮老僧。嗟嗟，舍已之芸，從井之救，余為老僧苦之。惟願如五地之行力，圓滿觀喜，証登妙果，則庶幾矣。因為詩以訊之〉，頁 58。

〔註41〕 《蓉洲詩稿選輯》作「游」，今據上海圖書館藏原刊本《蓉洲詩文稿》更作「遊」。

〔註42〕 〔明〕沈光文於〈題梁溪季蓉洲先生海外詩文序〉中的落款為「康熙丁卯孟夏望日，甬上年家教弟沈光文題，時年七十有六也」，《蓉洲詩文稿選輯》，頁 2。

〔註43〕 黃美娥，〈點校說明〉，〔清〕蔣毓英，《臺灣府志》（臺北市：文建會，2004年 11 月），頁 113。

2.「修志參考書」與「以賦佐志」

康熙二十四年底（1685）沈光文因協助《臺灣府志》纂修，故而其著作已留存於官方開設的志局中。嘉慶十二年（1807）嘉義縣開館纂修《續修臺灣縣志》，卷六〈藝文志‧著述〉仍可見沈氏著作名列其中：

《東番記》【明莆田周嬰著】

《臺灣輿圖考》一卷

《草木雜記》一卷

《流寓考》一卷

《賦》一卷

《詩集》二卷

《文集》一卷【俱明太僕寺少卿鄞縣沈光文著】

《靖海紀》二卷

《平南事實》一卷【俱國朝靖海將軍侯晉江施琅著】

《臺灣雜記》一卷

《蓉洲文稿》一卷

《山川考略》一卷

《海外集》一卷【俱諸羅縣知縣無錫季麒光著】〔註44〕

……

前述依時代編排之周嬰、沈光文、施琅、季麒光諸作，均為修志參考書，可見沈光文著作被官方保留，以待修志參考憑藉。檢視下列志書有諸多引述沈作的內容，如：

（1）《草木雜記》、《輿地圖考》

沈光文寓臺三十餘年，具有二十餘年踏察經驗，著作中《草木雜記》為修志重要的參考書：

> 風俗、物產、雜記，《郡志》之外，採諸寓賢沈君光文《雜記》、海澂陳君峻《外紀》，益以耳目睹聞。〔註45〕

> 檨【種自荷蘭。樹高可蔭，實似豬腰子而圓。有香檨、木檨、肉檨；

〔註44〕〔清〕謝金鑾、鄭兼才總纂，《藝文一‧著述》，《續修臺灣縣志》（臺北：文建會，2007年6月），頁517~8。

〔註45〕〔清〕鍾瑄主修，〈凡例〉，第九條，《諸羅縣志》（臺北：文建會，2005年6月）。

香最上，木次之。盛夏大熟，色黃，肉與核相黏。切片以啖，甘如蔗漿，而清芬遠過。沈文開《雜記》：「食畢棄核於地，當月即生。核中有子或一粒、二粒，如豆之在莢。葉新抽，杪紅若丹楓，老則變綠。遇嚴霜，則嫩枝盡槁」。按檨，《正韻》無此字，俗音「羨」；或以香美可羨，從而附會之耳。】〔註46〕

檨，種自荷蘭，切片以啖，甘如蔗漿，而清芬遠過之。沈文開《雜記》：「食畢棄核於地，當月即生。」核中有子，或一粒、或二粒，如豆之在莢。葉新抽杪，紅若丹楓，老則變綠。【《諸羅志》】〔註47〕

臺灣土番，種類各異。有土產者，有自海泊飄來，及宋時零丁洋之敗遁亡至此者。聚眾以居，男女分配；故番語處處不同。【沈文開《雜記》】〔註48〕

零丁避世有遺民【沈文開《雜記》：「零丁洋之敗，宋人遁亡至此」】〔註49〕

《諸羅縣志》、《重修福建臺灣府志》、《重修臺灣府志》、《噶瑪蘭廳志》、《鳳山縣采訪冊》等，均曾參考沈氏《草木雜記》。另外沈氏其他著作，如：

臺江【在縣治西門外。大海由鹿耳門入，各山溪之水匯聚於此。南至七鯤身，北至蕭壠、茅港尾。舊志不載，今據沈文開《輿地圖考》增入。】〔註50〕

〔註46〕〔清〕周鍾瑄主修，《物產志‧物產‧果之屬》，《諸羅縣志》（臺北：文建會，2005年6月），頁280。

〔註47〕〔清〕陳淑均總纂，《噶瑪蘭廳志》（臺北：文建會，2006年6月），頁338。按：
1. 此段引文為《噶瑪蘭廳志》引述《諸羅縣志》之內容，故以「《諸羅志》」標示之。
2.【《諸羅志》】」引文對照《諸羅縣志》內容，可知2006年版之《噶瑪蘭廳志》標點錯誤，有使讀者有誤讀的可能。如引述沈文開《雜記》，其下引號，應至「老則變綠。」如：「食畢棄核於地，當月即生。核中有子，或一粒、或二粒，如豆之在莢。葉新抽杪，紅若丹楓，老則變綠。」

〔註48〕〔清〕劉良璧纂輯，《重修福建臺灣府志》（臺北：文建會，2005年6月），頁650。

〔註49〕〔清〕范咸，〈再疊臺江雜詠〉，〔清〕盧德嘉纂輯，〈癸部‧藝文二〉，《鳳山縣采訪冊》（下）（臺北：文建會，2007年12月），頁511。

〔註50〕〔清〕六十七，范咸，《重修臺灣府志》（上）（臺北：文建會，2005年6月），頁101。

綜上所述，《雜記》云「零丁洋之敗，宋人遁亡至此」，意指部分臺民乃因宋時遁亡而避居在此者，若非實地田野調查則無從得知。臺江之各山溪如何匯聚，過去「舊志」無從得知，今據沈氏《輿地圖考》方得列入。又《道光福建通志臺灣府》認爲沈氏諸作由雜文、賦、詩等，凡此均爲臺灣修志者之參考。

（2）〈臺灣賦〉（〈平臺灣序〉）

沈光文〈臺灣賦〉寫於康熙二十五年（1686）五月之前，但對纂修臺志之影響極其長久，直到如道光九年（1829）《道光福建通志臺灣府》〈明僑寓傳〉：

> 海東文獻推爲初祖。所著〈花木雜記〉、〈臺灣賦〉、〈東海賦〉、〈芳草賦〉、〈樣賦〉、〈桐花賦〉、古今體詩，志臺灣者皆足資焉。〔註51〕

及咸豐二年（1852）《噶瑪蘭廳志·物產》〈金石之屬·附考〉：

> 臺灣山後出金，其地土番皆傀儡種類，未入聲教，人跡罕到。……又沈光文〈平臺灣序〉亦云東番社山藏金礦〔註52〕，王后山〈臺灣賦〉又云蛤仔難之產金，寒潭難入。〔註53〕

由《道光福建通志臺灣府》〈明僑寓傳〉可知，沈氏所著〈臺灣賦〉、〈東海賦〉、〈芳草賦〉、〈樣賦〉、〈桐花賦〉五賦，直到道光九年（1829）仍被修志者引述，〈臺灣賦〉直到咸豐二年（1852）仍被修志者引錄。總計沈氏賦作影響臺灣修志事業近兩百年之久，可視爲「以賦佐志」之肇始。

（三）對清代臺灣志賦發展之貢獻

清代嘉慶十年進士徐松，於湖南學政任內因四書文試題有「割裂經文」的嫌疑，而謫戍伊犁，「歷時七、八年，行程兩萬里，……相繼完成《新疆志略》、《新斠注地理志集釋》……等著作，……在撰寫大量史地專著的同時，作者完成了含自注多達兩萬餘字、有韻律的〈新疆賦〉。」〔註54〕徐松以「時間／空間」作爲實地踏察，相繼完成《新疆志略》、《新斠注地理志

〔註51〕〔清〕陳壽祺總纂，《道光福建通志臺灣府·明僑寓傳》（下）（臺北：文建會，2007 年 12 月），頁 997。

〔註52〕沈光文，〈平臺灣序〉：「東番社山藏金礦，下淡水地產硫黃。」詳見：〔清〕六十七、范咸，《重修臺灣府志》（下）（臺北：文建會，2005 年 6 月），頁 867。

〔註53〕〔清〕陳淑均總纂，《噶瑪蘭廳志·物產》〈金石之屬·附考〉（臺北：文建會，2006 年 6 月）。按：據張光前〈點校説明〉，《噶瑪蘭廳志》刊行於咸豐二年（1852），頁 13。

〔註54〕許結，《中國賦學歷史與批評》（南京市：江蘇教育出版社，2001 年 7 月），頁 552。

集釋》等大量史地專著的同時，撰寫含自注多達兩萬餘字的〈新疆賦〉。可見於陌生之地，要撰寫出色之地理風物賦篇，先須先投入大量的研究心血。〈新疆賦〉之所以能成爲清代邊疆輿地賦之代表作，與作者多年來的實地踏察功夫有關。

　　賦家欲作地理賦，若該地已刊行志書、類書，則賦家只需參酌採擷志書數日，立可成篇。〔註55〕但仍未刊行志書、類書之地，則事先必須投入實地踏察的準備工作，如張衡〈兩京〉、左思〈三都〉賦「欲敘風土物產之美，山則某某，水則某某，鳥獸草木蟲魚則某某。必加窮搜博訪，精心致思之功，是以三年乃成，十年乃成。而一成之後，傳播遠邇，至于紙貴洛陽。蓋不徒震其才藻之華，且藏之巾笥，作志書、類書讀故也。」〔註56〕〈兩京〉、〈三都〉賦之所以歷時十年，苦心孤詣，撰究賦篇，究其因乃類書志書翻閱不易，可見撰寫盛京名城之山川形勝、風物禮俗、人物情狀，事皆繁瑣，若僅憑一人力，考稽古昔、探物紀源、描摹物狀，勢必如沈光文投入龐大之時間、心力與體力。臺灣志賦多爲地理賦，作者若爲宦臺官員，仕臺最長僅三年，欲撰寫志賦，勢必需仰賴志書爲工具書。志賦作者若爲臺籍士子，亦必須參閱志書，如乾隆二十九年（1764）臺灣鳳山人卓肇昌，參閱《重修鳳山縣志》以自注形式撰寫〈臺灣形勝賦〉。因此沈光文「浮沉寂寞於蠻烟瘴雨者二十餘年，凡登涉所至，耳目所及，無鉅細，皆有紀載。其間如山水，如津梁，如佛宇神祠、禽魚菓木，大者紀勝尋源，小者辨名別類」的基礎，不但爲清代臺灣方志奠基，同時志賦創作亦作出卓越之貢獻！

第二節　〈客問〉之版本、體裁與模擬

　　乾隆十二年（1747），范咸主編《重修臺灣府志》，卷二十三〈藝文（四）·駢體〉〔註57〕收錄兩篇駢文：第一篇爲沈光文〈平臺灣序〉、第二篇即季麒光

〔註55〕〔清〕袁枚〈歷代賦話序〉：「使班、左生于今日，再作此賦，不過繙擷數日，立可成篇，而傳抄者亦無有也。」〔清〕袁枚，〈歷代賦話序〉，〔清〕浦銑，《歷代賦話》，《續修四庫全書》（上海：上海古籍出版，2002年），頁1。

〔註56〕註同上，頁1。

〔註57〕清代臺灣方志，除了《重修臺灣府志》收錄【六條】版〈客問〉之外，還有嘉慶十二年的《續修臺灣縣志》，本文以范咸《重修臺灣府志》爲主要討論的版本。

〈客問〉【六條】。沈光文〈平臺灣序〉，盛成考證為〈臺灣賦〉原著及〈臺灣輿圖考〉、施琅〈飛報大捷疏〉拼湊摻合而成的偽作。〔註58〕其實不僅沈光文〈臺灣賦〉遭到刪改，季麒光〈客問〉亦遭到刪減。《重修臺灣府志》〈客問〉篇名後，有【六條】副標題，此副標題為原稿所無，顯然編者已知〈客問〉【六條】即僅存的六段原稿，六段原稿以下稱〈客問〉【六條】版，以與原稿版本區別。

《重修臺灣府志》收錄〈客問〉【六條】版，內容為「疆域、形勝、溪水港口、鳥獸蟲魚、佳木、五穀」等六段，符合副標題【六條】，但內容完全不符合篇名〈客問〉。康熙三十三年（1694）季麒光刊刻的《蓉洲詩文稿》，該書現藏於上海圖書館，2006 年廈門大學李祖基教授從中選出季氏宦臺期間的詩文作品，依原書原次序排列、點校合輯出版《蓉洲詩文稿選輯、東寧政事集》。《蓉洲》版〈客問〉〔註59〕之原稿，全篇以「芝螺〔註60〕主人」與「客」之問答為架構，共有八組問答，【六條】版去除主客間「設辭問對」的部分，僅保留「疆域、形勝、溪水港口、鳥獸蟲魚、佳木、五穀」等六段內容，完全看不出「述客主以首引，極聲貌以窮文，斯蓋別詩之原始，命賦之厥初也。」（《文心雕龍・詮賦》）的賦體問答架構。

《重修臺灣府志》〈藝文・駢體〉項下收錄有三篇駢文，其中所收錄之沈光文〈平臺灣序〉經盛成比對後應為〈臺灣賦〉。另一篇季麒光〈客問〉【六條】版，還原後形式上屬於賦之「七」體。該志〈凡例〉中「以存海外之文章，令後來有據耳」，顯然是以嚴謹態度保存文獻收錄前人遺作，因此很可能在該志收錄前，沈、季二氏賦作已遭刪改。

一、〈客問〉之刪減與佐志

首先比對「兩種版本的〈客問〉」，以探究〈客問〉遭刪減為《重修臺灣府志》【六條】版之始末緣由。

〔註58〕盛成，〈臺灣賦〉，《臺灣文獻初祖──沈光文斯菴先生專集》（臺北市：寧波同鄉月刊社，1977 年），頁 91～102。

〔註59〕為行文的便利，以下此版本之〈客問〉，簡稱為《蓉洲》版，與【六條】版相對。

〔註60〕又名紫螺，學名為 *Janthina janthina*，分佈於台灣、中國、南韓、印尼、阿拉伯東部等地。參見《臺灣貝類資料庫》，http://shell.sinica.edu.tw/chinese/shellbase_detail.php?science_no=1693。

（一）〈客問〉遭刪減之始末

許多宦臺官員趁主修志書之便，收錄己賦〔註61〕，〈客問〉部分文句模擬自沈光文〈臺灣賦〉，推測該賦寫於季麒光宦臺期間（1684.11.8～1686.5.15），康熙二十五年（1686）參與蔣毓英主編《臺灣府志》時，本可收錄己作〈客問〉，卻謹守志書應採錄該地藝文的原則，然而該志未設〈藝文志〉，顯然有留待後人之意。季氏離臺後，將〈客問〉等作留存志局中〔註62〕，但終康熙帝之世，未見纂志者參考〔註63〕。康熙六十年（1721）巡臺御史黃叔璥抵臺，巡臺期間檢閱郡縣藝文，並於《臺海使槎錄》卷四〈赤崁筆談・雜著〉中評論季氏〈客問〉：

> 郡縣志藝文，榆林高拱乾〈臺灣賦〉率藉中土景物渲染，似不足以形容。無錫季麒光所著〈客問〉，獨不作泛設語，頗極臺地山川物產之勝；諸志略而不載，節錄數則於左。一曰：「僭號承天，東寧錫字。……」〔註64〕

> 桐城孫元衡，字湘南，素工詩。官臺灣同知，所著《赤崁集》，王阮亭司寇謂：《裸人叢笑篇》及詠禽魚花草諸什，可作臺灣圖經風土志，竟可自為一書。而諸志絕不之及，余因摘錄一帙，并無錫季麒光《蓉洲》文數十篇，書付陳觀察大輦，續修府志，為之補入。〔註65〕

摘自〈赤崁筆談・雜著〉的兩段引文，首段比較李氏〈客問〉與高拱乾〈臺灣賦〉，得出「臺灣賦率藉中土景物渲染，似不足以形容。無錫季麒光所著〈客

〔註61〕 如：康熙三十五年（1696）高拱乾以臺灣最高長官「福建分巡臺廈道兼理學政」的身分，纂修《臺灣府志》，並首開臺灣方志〈藝文志〉之例，並在「賦」目之下收錄林謙光與高拱乾的兩篇〈臺灣賦〉。詳見：高拱乾纂輯，《臺灣府志》，（臺北：文建會，2004 年 11 月），頁 480～485。

〔註62〕 按：直到嘉慶十二年（1807）再開館修志，嘉義縣學教諭謝金鑾總纂之《續修臺灣縣志》，卷六〈藝文志・著述〉，仍可見得季麒光離臺後所留下的著作，如：《臺灣雜記》一卷、《蓉洲文稿》一卷、《山川考略》一卷、《海外集》一卷【俱諸羅縣知縣無錫季麒光著】。詳見：〔清〕謝金鑾、鄭兼才總纂，《藝文一・著述》，《續修臺灣縣志》（臺北：文建會，2007 年 6 月），頁 518。

〔註63〕 直到康熙六十年（1721）之前，有康熙三十五年（1696）高拱乾纂修的《臺灣府志》、康熙五十六年（1717）周鍾瑄主修的《諸羅縣志》等志書，檢視上述三《志》內容，均未有引述〈客問〉的部分。

〔註64〕 〔清〕黃叔璥，《臺海使槎錄》《清代巡臺御史巡臺文獻》（北京：九州出版社，2009 年 12 月），頁 268。

〔註65〕 注同上，頁 269。

問〉，獨不作泛設語，頗極臺地山川物產之勝」的論點，分述季賦「臺灣紀實」
與高賦「中原想像」兩者間不同的發展脈絡，極具學術價值。次段以孫元衡
《赤崁集》、《裸人叢笑篇》可作「臺灣圖經風土志」讀，及季麒光《蓉洲》
文稿數十篇（內含〈客問〉），指示未來纂志應補入孫、季二氏文章。由於清
代「臺灣賦論」文獻不全，一直以來〈客問〉又以殘稿被志書收錄，因此黃
叔璥的評論，不但是臺灣賦史上首見對〈客問〉的論評，同時也成為研究〈客
問〉版本問題極其重要的資料。黃叔璥建議未來續修府志應取〈客問〉內容
補入，然而遲至〈客問〉完稿六十年後，才於乾隆十二年（1747）《重修臺灣
府志》、嘉慶十二年（1807）《續修臺灣縣志》陸續收錄【六條】版的殘稿，〈客
問〉【六條】版因此成為《臺志》重要參考文獻。

　　《蓉洲》版〈客問〉以「芝螺主人」與「客」之問答為全篇架構，共有
八組問答，【六條】版刪去所有主客「設辭問對」的部分，僅保留「疆域、形
勝、溪水港口、鳥獸蟲魚、佳木、五穀」六段部分內容，今比對【六條】版
與《蓉洲》版之第一段，內容如下：

> 主人曰：「臺灣僭號承天，東寧錫字；乾坤東港，華嚴南島。近接澎
> 湖，遙分哈喇；賀蘭起之，琉球倚之。北憑甌、閩，西距交、廣；
> 屬揚州之分，隸女虛之躔。外環大海，雲漲烟平；內阻重山，沙迷
> 霧列；中有平原，可耕可牧。瀙水長連，崑流交峙。呂宋之估帆時
> 集，日本之彝舶常通。南澳、銅山，風檣可接；海壇、東埔，飛葦
> 直達。蛟龍蜃虺、兕豸鯨鯢，隱隱泛泛，沉沉莽莽。過雲怒風，轟
> 雷遁雨。固海山之僻壤，亦宇宙之奧區。值茲地軸循環，天心轉運，
> 通我貢賦，尊我一統，庶幾哉，表東海之觀，實古今所未有也。」

引文下劃底線者為原稿《蓉洲》版〈客問〉被刪減掉的文字，可見原稿中「客
主問答」完全被刪去，失去「述客主以首引，極聲貌以窮文，斯蓋別詩之原
始，命賦之厥初也」（《文心雕龍·詮賦》）的賦體問答架構，僅保留「概述臺
灣形勝」的內容，於是被《重修臺灣府志》主編范咸歸入「駢體」類。被刪
去的內容包含〈客問〉原稿中「通我貢賦，尊我一統」等彰顯「大清一統」
的理念，映顯主修者以「形勝、物產」為引述要點，以及〈客問〉【六條】版
之形成，與纂修志書間極大的關連性。

　　由目前文獻所見，〈客問〉原稿遭刪減為【六條】版的時間點，約有以下
幾種可能性：

康熙六十年（1721）巡臺御史黃叔璥之前，由他人刪減？

康熙六十年（1721）巡臺御史黃叔璥本人刪減？

康熙六十年（1721）巡臺御史黃叔璥閱後，至乾隆十二年（1747）
《范志》收錄之前，由他人刪減？

乾隆十二年（1747）《范志》纂志者刪減？

〈客問〉由寫定（1684.11.8～1686.5.15）直到乾隆十二年（1747）范咸收錄《重修臺灣府志》書中約有一甲子的時間，全賦主旨在於「芝螺主人／守土司令」如何「守險于地，滋利于民」之事，極其符合「志書」即「治書」之旨趣。爲何如同沈光文〈臺灣賦〉一樣遭到刪減？依前述各種可能遭刪減的時間點析論如下。

　　1. 康熙六十年（1721）巡臺御史黃叔璥之前？或由黃叔璥本人刪減？

　　黃叔璥於《臺海使槎錄》中評論〈客問〉的內容，爲〈客問〉可能遭刪減的時間點提供關鍵性的證據。首先，由〈臺灣賦〉與〈客問〉並比，可見黃叔璥視〈客問〉爲賦，因此得以與〈臺灣賦〉比較。其次，《臺海使槎錄》論及〈客問〉時，因諸志略而不載，故有「節錄」之語：

> 無錫李麒光所著〈客問〉，獨不作泛設語，頗極臺地山川物產之勝；諸志略而不載，節錄數則於左。一曰：「僭號承天，東寧錫宇。……固海山之僻壤，亦宇宙之奧區」。二曰：「木岡、大岡，以分南北；……覘關躞戶，當者失據」。三曰：「東寧之地，惟水是衛。……扼其險可以制患，資其利可以裕民」。四曰：「鹿之生也，或斑而文，……具糅五味，腥膏饜飫」。五曰：「重山之中，產有異材；……山則不童，地鮮不毛，土之良也」。六曰：「噴爐斥鹵，五穀是滋，……家有稼穡之利，人有作甘之用」。〔註66〕

由「節錄數則」可知彼時黃叔璥所見〈客問〉爲原稿無疑，尤其「《裸人叢笑篇》……，并無錫季麒光蓉洲文數十篇，書付陳觀察大輦，續修府志，爲之補入。」〔註67〕顯示黃叔璥將孫元衡的《裸人叢笑篇》與季麒光的文集數十篇，視爲未來續修府志之重要參考書。黃氏既然推薦季氏文集數十篇作爲修

〔註66〕　〔清〕黃叔璥，《臺海使槎錄》《清代巡臺御史巡臺文獻》（北京：九州出版社，2009年12月），頁268～270。

〔註67〕　〔清〕黃叔璥，《臺海使槎錄》《清代巡臺御史巡臺文獻》（北京：九州出版社，2009年12月），頁269～270。

志參考，必然不可能僅刪減〈客問〉一篇。根據上述兩點可合理的推斷：康熙六十年（1721）巡臺御史黃叔璥所見之〈客問〉應爲原稿。

　　2. 康熙六十年（1721）巡臺御史黃叔璥閱後，至乾隆十二年（1747）《范志》〔註68〕收錄之前？

　　今比對《臺海使槎錄》卷四〈赤崁筆談・雜著〉黃叔璥所節錄之數則〈客問〉內容，與《范志》的〈客問〉【六條】版，除了極少數的文字有所差異之外，首尾內容竟與《范志》完全一致。可見康熙六十年（1721）〈客問〉在臺灣還完整保留原稿，三十餘年後范咸、六十七奉旨開局纂志時〔註69〕，〈客問〉原稿已佚，只好收錄《臺海使槎錄》卷四〈赤崁筆談・雜著〉節錄之六則內容〈客問〉。彼時收錄之〈客問〉確實僅存六則，內容雖有對句之鋪陳，形式上已無賦體問答，主編范咸只好歸入〈藝文志〉中〈駢體〉一類，並在篇名之後加上【六條】的副標題。可見〈客問〉【六條】版出現的時間點，在於乾隆十二年（1747）《范志》纂志者欲遵循黃叔璥之囑咐收錄〈客問〉，卻因該賦原稿佚失，只好退而求其次，將康熙六十年（1721）巡臺御史黃叔璥節錄〈客問〉六條於《臺海使槎錄》卷四〈赤崁筆談・雜著〉中「節錄數則」內容全數收錄。

　　纂志者明知〈客問〉【六條】版爲殘稿，爲何仍收錄？除了遵循前任巡臺御史囑咐外，是否有其他原因？由《范志》〈凡例〉之編輯旨趣，可見一斑：

> 臺郡初闢，中土士大夫至止者，類各有著述以紀異，然多散在四方，島嶼固鮮藏書之府也。范侍御奉命巡方，……諸集，按籍搜索，並得全書。惟《沈文開集》，向時寓臺諸公所艷稱而未得見者，亦輾轉覓諸其後人。凡得詩文雜作鈔本九卷，半皆蠹爛；但字跡猶可辨識，既<u>不忍沒前人之苦心，故所徵引較前志尤多</u>。……以存海外之文章，令後來有據耳。

> 沈文開不忘羈旅之思、孫湘南獨擅叢笑之什，是以採擇尤多；蓋是志於「藝文」之去取尤嚴也。〔註70〕

〔註68〕　按：爲避免敘述之冗長，依學界慣例，蔣毓英主修之《臺灣府志》，簡稱爲《蔣志》、高拱乾主修之《臺灣府志》，簡稱爲《高志》。以下乾隆十二年（1747）范咸主修之《重修臺灣府志》，簡稱爲《范志》。

〔註69〕　按：最早引〈客問〉文句的志書，是乾隆七年（1742）劉良璧纂輯《重修福建臺灣府志》卷四〈疆域〉，值得注意的是，該志所引的〈客問〉文句，全然不出【六條】版的範圍，是否〈客問〉原稿於乾隆七年（1742）已然佚失？

〔註70〕　〔清〕范咸纂輯，《重修臺灣府志》〈凡例〉，頁55。

由「不忍沒前人之苦心，故所徵引較前志尤多」、「以存海外之文章，令後來有據耳」可知，《范志》纂志者為保存一地、一時之文學的想法，明知〈客問〉【六條】版為殘稿仍願收錄的主因。

（二）〈客問〉【六條】版與佐志功能

自康熙六十年（1721）巡臺御史黃叔璥提出〈客問〉「頗極臺地山川物產之勝」的特質，並作出「續修府志，為之補入」的裁示後，乾隆七年（1742）劉良璧纂輯《重修福建臺灣府志》，首先於卷四〈疆域〉引述〈客問〉內容，至乾隆十二年（1747）范咸、六十七奉旨纂修府志，收錄〈客問〉【六條】版於〈藝文志〉中，總計長達 129 年的臺灣修志事業中，〈客問〉【六條】版經常於〈疆域〉、〈形勝〉等類別中被引用，詳見下表：

清代臺灣志書引〈客問〉【六條】版列表

年代	〈客問〉	引述志書
乾隆七年 （1742）	七鯤身毗連環護，二茅港匯聚澄泓。（頁144）	《重修福建臺灣府志·疆域》〈形勝〉【附】〔註71〕
	外環大海，雲漲霞平；內阻重山，沙迷霧列。（頁145）	
	蔥鬱弘開，離奇盤結。（頁146）	
	皆疊岫參差，連崗撼嵲。（頁147）	
	圭心、石門、蓬山、後壠，重洋砥柱，攪浪搏潮。（頁148）	
乾隆十二年 （1747）	七鯤身毗連環護，三茅港匯聚澄泓。（頁133）	《重修臺灣府志·封域》〈形勝〉〔註72〕
	外環大海，雲漲霞平；內阻重山，沙迷霧列。（頁134）	
	蔥鬱弘開，離奇盤結。（頁134）	
	皆疊岫參差，連崗撼嵲。（頁135）	

〔註71〕〔清〕劉良璧纂輯，《重修福建臺灣府志》，（臺北：文建會，2005 年 6 月）。
　　　按：據楊永彬〈點校說明〉，《重修福建臺灣府志》刊行於乾隆七年（1742），頁 13。
〔註72〕〔清〕六十七，范咸，《重修臺灣府志》（上），（臺北：文建會，2005 年 6 月）。
　　　按：據陳偉智〈點校說明〉，《重修臺灣府志》刊行於乾隆十二年（1747），頁 13。

	固海山之僻壤，亦宇宙之奧區。（頁136）	
	淡水江，北海〔註73〕之津梁；……圭心、石門、蓬山、後壠，重洋砥柱，攪浪搏潮。（頁137）	
乾隆十七年（1752）	外環大海，雲漲霞平；內阻重山，沙迷霧列。（頁106）	《重修臺灣縣志卷·疆域》〈形勝〉〔註74〕
乾隆三十九年（1774）	外環大海，雲漲霞平；內阻重山，沙迷霧列。（頁136）	《續修臺灣府志·封域》〈形勝〉〔註75〕
	葱鬱弘開，離奇盤結。（頁137）	
	疊岫參差，連崗撼戞。（頁138）	
	固海山之僻壤，亦宇宙之奧區。（頁139）	
	淡水江，北海〔註76〕之津梁；……圭心、石門、蓬山、後壠，重洋砥柱，攪浪搏潮。（頁140）	
嘉慶二十五年（1820）	七鯤身毗連環護，三茅港匯聚澄泓。（頁45）	《清一統志臺灣府·形勢》〔註77〕
同治十年（1871）	七鯤身毗連環護，三茅港匯聚澄泓。（頁115）	《福建通志臺灣府·疆域》〔註78〕
	固海山之僻壤，亦宇宙之奧區。……淡水江，北海〔註79〕之津梁。（頁121）	《淡水廳志·封域》〈形勝〉〔註80〕
	雞心、石門、蓬山、後壠，重洋砥柱，攖波搏浪。（頁121）	

〔註73〕《重修臺灣府志》作：注。

〔註74〕〔清〕王必昌總輯，《重修臺灣縣志》（上），（臺北市：文建會，2005年6月）。按：據王志楣〈點校說明〉，《重修臺灣縣志》刊行於乾隆十七年（1752），頁14。

〔註75〕〔清〕余文儀主修，《續修臺灣府志》，（臺北：文建會，2007年6月）。按：據黃美娥〈點校說明〉，《續修臺灣府志》刊行於乾隆三十九年（1774），頁17。

〔註76〕《重修臺灣府志》作：注。

〔註77〕〔清〕穆彰阿奉敕修，《清一統志臺灣府》，（臺北：文建會，2007年6月）。按：據洪燕梅〈點校說明〉云「修志開局於嘉慶十七年，內容亦取材至嘉慶二十五年（1820）止，……不僅敘述時間增長，體例、考訂也更為完整精詳，惟以卷帙浩繁，……迨清宣宗道光二十二年（1842.12），穆彰阿始上摺奏聞，進呈本原藏於清史館，遜清之世，未及付梓。」，頁45。

〔註78〕〔清〕陳壽祺總纂，《道光福建通志臺灣府》（上），（臺北：文建會，2007年12月）。按：據洪燕梅〈點校說明〉，《道光福建通志臺灣府》刊行於同治十年（1871），頁13。

〔註79〕《重修臺灣府志》作：注。

〔註80〕〔清〕陳培桂主修，《淡水廳志》，（臺北：文建會，2006年6月）。按：據詹雅能〈點校說明〉，《淡水廳志》刊行於同治十年（1871），頁13。

可見季麒光〈客問〉【六條】版自乾隆七年開始，乾隆十七、三十九年、嘉慶二十五年、同治十年，橫跨百年之久成爲志書描述臺地形勝的參考資料。

二、【六條】版與《蓉洲》版

〈客問〉經黃叔璥節錄成【六條】版，陰錯陽差以殘缺的【六條】版留存於臺灣志書。〈客問〉原稿隨《蓉洲文稿》經孫祖基珍藏〔註81〕保留於上海圖書館，今日得以藉《蓉洲》版原文，比對經刪改之【六條】版之補校、異字。謹將「〈客問〉【六條】缺漏補校表」、「兩種版本異字對照表」，說明〈客問〉【六條】版之所以形成，與志書編纂有關，整理如下：

（一）〈客問〉【六條】版缺漏補校表

【六條】版	《蓉洲》版
（本段全無）	芝螺主人謝事幽居，時薰風來戶，明月在庭，殘燼留紅，繁花送翠。主人科跣箕踞，蕭然獨坐。有客過而問之口：「臺灣海中荒島，非冠帶之域，《禹貢》所不載，《職方》所不紀。今入版圖，爲我郡邑，設官命吏，文武兼資，守險于地，滋利于民，主人守土司令，其說可得而舉乎？」主人曰：「然。」客曰：「然則吾願聞之。」
（第一條） 僭號承天，東寧錫字……亦宇宙之奧區。	主人曰：「臺灣僭號承天，東寧錫字……亦宇宙之奧區。〔註82〕值茲地軸循環，天心轉運，通我貢賦，尊我一統，庶幾哉，表東海之觀，實古今所未有也。」 客曰：「主人之言，此其概也。先王勤思服遠，鞏固懷柔，必有本圖，主人其籌矣，願進其說。」
（第二條） 木岡、大岡，……上港、中港，鉤嬰撐突，攫搏呷呀。至若斗六門攀緣鳥道，……覘關躁戶，當者失據。	主人曰：「山谷之險，國之寶也。木岡、大岡，……上港、中港，或高而危，或幽而峻。鉤嬰撐突，攫搏呷呀。麋鹿分羣於其上，猿猱結隊於其下。獐狸兔豹，雉雀鳩鷹，以呹以獵，可蓄可馴。至若斗六門攀緣鳥道，……覘關躁戶，當者失據。非所謂崤函黽華，劍閣蜀門，重關百二之雄乎？」 客曰：「吳子有言：在德不在險，所以守也，非所以久也。請言其它。」

〔註81〕此「孫祖基」爲無錫「玉鑑堂」的主人，詳見：〔清〕季麒光著，李祖基點校，《蓉洲詩文稿選輯》（香港：香港人民，2006年1月），頁3。
〔註82〕《蓉洲》版與【六條】版重復的文字，以「▨」呈現。

（第三條） 　　東寧之地，惟水是衛。……琉球社外，舟通呂宋。至如北線尾、中樓仔，……竹滬、三林，或依山回洉，冒沒騰流……瀨口港，鹽格星屯。扼其要可以制患，資其利可以裕民。	主人曰：「大海之波濤不知其幾萬里也，東寧之地，惟水是衛。……琉球社外，舟通呂宋。凡軸艫之所御，檣櫓之所張，出於無門，行於無垠。險自天設，惟所激盪。至如北線尾、中樓仔，……竹滬、三林、牛潮、虎尾，或依山回洉，冒沒騰流……瀨口港，鹽格星屯。□（舟弟）航于是而通，罟網于是而聚，瀦匯含納，潏汗濡浴者不可勝數。扼其要可以制患，資其利可以裕民，奚必誇天塹之雄而習昆明之戰哉。」 　　客曰：「蛟龍之窟未可恃也，颭颶之憑陵滋可慮焉。更請置之。」
（第四條） 　　鹿之生也，或斑而文……聚飲則涓源為洞，迴食則蔓草皆赭。閑以圍柵、制以鉤盾；……挽青猊之靷，截白黿之皮。搜龍籍、羅蜃府，莫不布雕俎、就臠切；具揉五味，腥膏羹飫。	主人曰：「羽毛齒革，所以備歲用而戒不虞也。大澤之鹿，重嶺之牛，輷輷轔轔，叢叢犿犿，紛紛逐逐，獉獉狉狉。鹿之生也，或斑而文……聚飲則涓源為【稿】洞，迴食則蔓艸皆赭。攫地跳梁，昂首張角。閑以圍柵，制以鉤盾；……挽青猊之靷，截白黿之皮。罟師漁子，更呼聲裂。搜龍籍、羅蜃府，大者駭浪騰天，脫角裂翼；小者仰綸頓繳，掉首嗞吭。莫不布雕俎、就臠切；具揉五味，腥膏羹飫。致羽致毛，致鱗致介，珍羅水陸，與山海分功。國收其贏，民資其用。若是何如？」 　　客曰：「大德曰生，不貪是寶，戕物命而誇口舌之味，慮其黷于貨也。欲再聞其上者。」
（第五條） 重山之中，產有異材：工師操斧，匠氏持柯。楠榕杉樟，桑柏槐柳；莫不枝覆層岡，幹依連麓。舒目而望之，青茅白葦、紫薰蒼蘆；鬱若深林，叢如列嶂。代瓦以覆，易牆以圍。至如橼柚之茂葉翳日，檳榔之修幹參雲。蕉擅綠天，荔垂朱實。山則不童、地鮮不毛，土之良也。	主人曰：「豫章之木，淇川之竹，民用於是而具也。重山之中，產有異材，盤絞巖崖，陰翳礴礐，千尋百圍，以堅以良。工師操斧，匠氏持柯。楠榕杉樟，桑柏槐柳；莫不枝覆層岡，幹依連麓，干霄蔽星，障雨騰風。大者充檣櫓，任棟梁；小者供器物，備薪梢。丁丁稜稜，登登洞洞。曲者直者，長者短者，岐者勁者，俱就行列，惟所指顧。若乃長枝刺節，紆錯環羅，聲鬨蛟蜿，影參虹蜺，摧碎乘凌，霞披霓裂。為楠為橡，為戶為籬；剖之削之，攢之折之，隨所欲而得其用焉。于是繞屋延旋，緣豁盈結，曰黃曰斑，煥然是競。舒目而望之，青茅白葦、紫薈薰蒼蘆，鬱若深林，叢如列嶂。代瓦以覆，易牆以圍。至如橼柚之茂葉翳日，檳榔之修幹參雲。蕉擅綠天，荔垂朱實。山則不童，地鮮不毛，土之良也。飭力用材，聖人之作也。若是如何？」 　　客曰：「千里不販糴，百里不販樵。智盡能索不餘力，而讓財用給之資而已，非本富之上也。」

（第六條） 墳壚斥鹵，五穀是滋。……黃雲紅玉，相積陳陳。于是牛馬運之，舟航載之……。家有稼穡之利，人有作甘之用。	主人曰：「有人斯有土，有土斯有財。盡地之力，而樹藝生聚之，庶富之本計也。臺灣地廣人稀，墳壚斥鹵，五穀是滋。……黃雲紅玉，相積陳陳。若乃闢艸萊，剪荊茅，依山之濡，因水之灌，鑿渠築埤，樹隄立障，疆□（左「畝」右「犬」）修勤，敷菑播穡，其貨財；百姓恃焉以安其妻子。閭閻烟接，廛市□（上「因」下「留」）駢。吠犬聲聞，棲鷄鳴應。倉箱以實，饑【厘】饉無虞。於是牛馬運之，舟航載之……家有稼穡之利，人有作甘之用。鉅橋之積，成皋　之庾，倉廒洛陽之儲，常平大通之備，民無輸輓，可以有濟。若是如何？」 客曰：「藏富於民，帝王之爲也，近之矣，而猶未也。引大利于天地，而不竭人之資以自固自然之效也。夫本仁義以治天下，始則生之養之，既則整齊戈弓人之教誨之，而不使安於其舊，非空言也，其重計之。」
（本段全無）	主人曰：「先之治也，東西南朔，以海爲限。要荒之服，修貢享，奉正朔，重譯而來，坐于門外，若乃瘴海蠻山，隸爲郡邑，雕題文項，馴爲編戶，斯則今之所有而古之所無也。臺灣逋逃竊伏五十餘年，人未知法，有爭心焉。人未知禮，有侈心焉。人未知節而敬讓，有跳梁蕩軼之習焉。今地其地，民其民，祭人吾人，無有攜貳。姦者威之，良者撫之。明察之官，忠信之長，慈惠之師，周詳之吏，示之禁令而節焉，順其性情而通焉。所以防之使不過也，所以悅之使易趨也。於是財足而不濫，遵分而進善，和以爲質，儉以爲實，寬以舒安其日月，恬以愉逸其手足。民俱可用，不生禍亂。鳩舌之倫，鑿齒之族，習以衣冠，導以飲食。通語言，定名分，明好尚，達禁止。男女長幼，婚葬祭祀，有序無失，莫不誠輸賓布，惘效珙球。負鋤荷耒，挾矢操矛。無事則資其力，有事則用其命。十年生聚，十年教訓。俗用豐盈，土因鞏固。如臂之使，如輪之旋，動即如志，此善後之圖，化民成俗之本也，願聞於子。」 客曰：「大哉言乎！周文公之頌曰：我求懿德，肆于時夏，允王保之阜財茂德德以保世滋大，鼓之則動，笳之則震。號令教化，不疾而孚，以久于其道。今聖天子方致太平，登三而咸五舉，主人言以臺灣片壤通諸天下，吾知其易易也。」 客于是拱揖而退，主人援筆誌之，以俟後之君子。

（二）兩種版本之異字對照表

段落＼版本	【六條】版	《蓉洲》版
《重修臺灣府志》版（第一段）	「荷」蘭起之，琉球倚之。	「賀」蘭起之，琉球倚之。
	外環大海，雲漲「煙」平；	外環大海，雲漲「烟」平；
	呂宋之估「颿」時集，日本之「夷」舶常通。	呂宋之估「帆」時集，日本之「彝」舶常通。
	海壇、東埔，飛葦直「前」。	海壇、東埔，飛葦直「達」。
《重修臺灣府志》版（第二段）	鳳山則「蒼鬱」弘開，猴悶則離奇盤結。	鳳山則「葱欝」弘開，猴悶則離奇盤結。
	至若斗六門「攀緣」鳥道，傀儡山曲折羊腸；	至若斗六門「扳緣」鳥道，傀儡山曲折羊腸；
	觀音「志」如來之勝蹟，鬼仔實魑魅之淵藪。	觀音「誌」如來之勝蹟，鬼仔實魑魅之淵藪。
	奇嶺之雪「峰」萬仞，南日之烟嶂千尋。	奇嶺之雪「峯」萬仞，南日之烟嶂千尋。
	阿「猴」林障蔽頑番，哆囉「嘓」交蟠遠社。	阿「後」林障蔽頑番，哆囉「□」〔註83〕交蟠遠社。
	圭心、石門，「蓬」山、後壠，	圭心、石門，「崩」山、後壠，
《重修臺灣府志》版（第三段）	「雞」籠城下，「颿」指閩安；	「鷄」籠城下，「帆」指閩安；
	千里雷馳，萬潮「雪湧」。七「鯤」身毗連環護，三茅港匯聚澄泓。	千里雷馳，萬潮「烟㳶」。七「昆」身毗連環護，三茅港匯聚澄泓。
	鯽魚潭、打「鼓」澳，漁舟雲集；	鯽魚潭、打「狗」澳，漁舟雲集；
《重修臺灣府志》版（第四段）	罟穽伏之、鉛「砲」擊之。	罟穽伏之、鉛「礮」擊之。
	皮毛「稇」載，外洋是資。	皮毛「捆」載，外洋是資。
	牛之來也，千百爲「群」，憑「凌」谿谷；聚飮則涓源爲「涸」，迴食則蔓「草」皆赭。	牛之來也，千百爲「羣」，憑「陵」谿谷；聚飮則涓源爲【稿】「槁」〔註84〕，迴食則蔓「帅」皆赭。

〔註83〕□（左「口」，右上「廿」，右下「雨」）。
〔註84〕根據《蓉洲文稿選輯》點校者李祖基的〈出版說明〉：「爲了保持古籍的原貌，……明顯的錯字、訛字用【】標出，在後面直接予以改正。」

	百步就「羈」，以耕以駕。至乃犬能攫羆，羊可「焯」羹。朝飛之雉，倚「草」棲林；	百步就「羈」，以耕以駕。至乃犬能攫羆，羊可「斟」羹。朝飛之雉，倚「艸」棲林；
	豹文隱霧，兔窟藏「煙」。若夫大「繪」斷流、修繕橫海，鯦鯧「鱷鯉」，蝗蛤蚶蟳。	豹文隱霧，兔窟藏「烟」。若夫大「繒」斷流、修繕橫海，鯦鯧「鱧鱷」，蝗蛤蚶蟳。
《重修臺灣府志》版（第五段）	楠榕杉樟，桑「柏」槐柳；	楠榕杉樟，桑「栢」槐柳；
	代瓦以覆，易「牆」以圍。	代瓦以覆，易「墻」以圍。
《重修臺灣府志》版（第六段）	上地可七，下地可「三」；	上地可七，下地可「二」；
	禾秈、赤秈，早「占」、晚「占」；	禾秈赤秈，早「粘」晚「粘」；
	「豆」分黃綠，麥別大小。	「荳」分黃綠，麥別大小。
	甌「簍」滿籌，污邪滿車；	甌「婁」滿籌，污邪滿車；
	「於」是牛馬運之、舟航載之；	「于」是牛馬運之、舟航載之；

　　季麒光於諸羅縣令任內形象頗佳，以宦績名列志書《秩官‧列傳》，檢閱《諸羅縣志》編纂的年限：自首任康熙二十三年至康熙五十五年止，共有 32 年。以三年期滿瓜代計，諸羅縣約有十任縣令，但以宦績名列《諸羅縣志》〈秩官‧列傳〉的僅有兩人，其中一位就是季麒光。季麒光以宦績名列志書〈秩官‧列傳〉，其《蓉洲》版〈客問〉原文有 2844 字，經刪減後的【六條】版僅有 1150 字，超過一半以上的原文被刪減。如果盛成認為沈光文〈臺灣賦〉被改寫是為了符合志書編輯方針的想法被認同的話，那麼同時期以良宦著名之季麒光〈客問〉，恐怕〈客問〉被刪減之原意，在於為編纂志書尋找資料下而取用其中「需要」的內容，而非「有意」的將原文「七體」的主客問答形式，盡數刪去。如比較【六條】版第一段與《蓉洲》版：

　　主人曰：「臺灣僭號承天，東寧錫字；乾坤東港，華嚴南島。近接澎湖，遙分哈喇；賀蘭起之，琉球倚之。北憑甌、閩，西距交、廣；屬揚州之分，隸女虛之躔。外環大海，雲漲烟平；內阻重山，沙迷霧列；中有平原，可耕可牧。瀚水長連，崑流交峙。呂宋之估帆時集，日本之轟舶常通。南澳、銅山，風檣可接；海壇、東埔，飛葦直達。蛟龍蜃虺，兕兕鯨鮈，隱隱沄沄，沉沉莽莽。過雲怒風，轟雷遁雨。固海山之僻壤，亦宇宙之奧區。值茲地軸循環，天心轉運，通我貢賦，尊我一統，庶幾哉，表東海之觀，實古今所未有也。」

文字底下劃線部分爲被刪減掉的文字，可見去掉「客主問答」後，【六條】版所取之內容在於「概述臺灣形勝」。雖然「通我貢賦，尊我一統」，內容未抵觸「大清一統」的理念，但因並非臺灣「形勝、物產」等，只得刪去。所以〈客問〉【六條】版之形成與沈光文〈臺灣賦〉被「有意」改寫的情況完全不同。因此《重修臺灣府志》所收錄之【六條】版〈客問〉，很可能是某時爲了纂修志書而搜羅來的眾多資料之一，或是乾隆七年纂修《重修福建臺灣府志》時所遺留下的資料，《重修臺灣府志》主編亦知〈客問〉殘缺，故以【六條】象徵僅餘六條資料之意。

三、臺灣現存最早之「七」體

（一）概述「七」體

西漢枚乘〈七發〉由楚太子有疾始，吳客拜問，依次鋪陳「飲食、音樂、騎乘、游觀、田獵、觀濤、要言妙道」七種事類。由首發之序，加上「六否一是」共七段的設辭問對，由客發問而引領主人滔滔不絕的論述內容，形成全文八段的「七」體，學者以爲枚乘〈七發〉是開創漢大賦這一體式的作品〔註 85〕。「東漢的『七』體創作完全不同於枚乘的〈七發〉，在〈七發〉中被拿來讚頌的要言妙道，到東漢的『七』體中，隱然被分爲兩個陣營，一個是主張歸隱避世的老莊思想，另一個則是主張積極用世的儒家思想。」〔註 86〕「七」體發展至晉，儼然形成一種文類。隨著賦體的蓬勃發展，許多未以賦爲名的篇章往往被後人歸爲「雜文類」，「七」體亦在其中。簡宗梧先生說：

> 《文選》的「對問」、「設論」、「七」與「連珠」，《文心雕龍》以「雜文」一名加以統攝。而《文苑英華》所謂的「雜文」，則又涵蓋《文選》的「騷」、「辭」、「符命」、「弔文」，甚至沒有押韻的篇章。〔註 87〕

〔註 85〕 谷口洋，〈從〈七發〉到〈天子游獵賦〉──脫離上古文學傳統，確立漢賦表現世界〉。見許結，徐宗文主編，《中國賦學》（南京：江蘇教育出版，2007年 7月），頁 6。

〔註 86〕 王允亮，〈招隱與遁世──「七」體和「設論」交映下的東漢文人心態〉，《河南社會科學》，第 18 卷第 4 期（2001 年 7 月），頁 166。

〔註 87〕 簡宗梧，〈試論《文苑英華》的唐代賦體雜文〉，《長庚人文社會學報》第 1 卷第 2 期（2008 年），頁 429。

由於雜文含有未以賦為名的押韻與不押韻的篇章，含括範圍較廣，從此「七」被納入雜文中。到了清代，「七」體作品有被歸入「雜著」或「雜文」類者，如《清文穎》；亦有總集直接將其歸入辭賦類，如姚鼐《古文辭類纂》、曾國藩《經史百家雜鈔》、吳曾祺《涵芬樓古今文鈔》等〔註88〕。

　　就歷代「七」體的脈絡觀之，季氏〈客問〉比較接近唐代柳宗元〈晉問〉，以下就柳宗元〈晉問〉一脈加以論述。

　　〈晉問〉在篇名上不沿習「七」，題目名稱也由「七」轉為地名之問。此外，又將六朝以前所設之虛構人物，改以真實人物「柳先生」（柳宗元）與吳子的問答，進行對話，使「七」體創作煥然一新〔註89〕。內容由「山河、金鐵、名馬、北山、河魚、鹽寶、晉文公之霸業等七方面進行鋪敘，而終以堯之遺風，顯然是以七體模式寫作地方風土人物之作。」〔註90〕明人徐師增認為「唐柳宗元〈晉問〉，體裁雖同，辭意迴別，殆所謂不泥其跡者歟！顧其名既謂之『問』，則不得並列于此篇。」〔註91〕徐氏所謂的「辭意迴別」是相較於「〈七發〉、〈七啓〉、〈七命〉三篇辭旨閎麗，誠宜見採。」但卻無法否認〈晉問〉即「七」體。

　　柳宗元〈晉問〉後繼者，有北宋晁補之〈七述〉，圖寫杭州山川人物之雄秀奇麗；南宋王應麟〈七觀〉，通過七體形式，頌揚四明風俗之美、學問道義之盛。明代袁袠〈七稱〉，也是圖說吳地之美。明代陳了龍〈吳問〉、清代王修玉〈越問〉、清代李慈銘〈七居〉也都是通過七體的形式，圖寫山川形勝之美。它們在題材內容上與〈晉問〉都如出一轍。〔註92〕

　　歷代「七」體作品量有興有衰，盛於六朝而衰於元，請見下表：

〔註88〕　孫津華，〈從文獻著錄看「七體」的演變〉，《河南教育學院學報（哲學社會科學版）》，第 27 卷第 2 期（2008 年），頁 72。按：清代「七」體有歸於「雜文」與「辭賦類」者，本文根據姚鼐《古文辭類纂》、曾國藩《經史百家雜鈔》、吳曾祺《涵芬樓古今文鈔》，將「七體」歸於「辭賦類」之原則。

〔註89〕　孫津華，〈「七體」題材的突破與創新——唐後「七體」創作管窺〉，《中國韻文學刊》，第 22 卷第 4 期（2008 年 12 月），頁 47。

〔註90〕　孫津華，〈從文獻著錄看「七體」的演變〉，《河南教育學院學報（哲學社會科學版）》，第 27 卷第 2 期（2008 年），頁 73。

〔註91〕　〔明〕徐師增，《文體明辨序說》，王水照編，《歷代文話》，第 2 冊，（上海市：復旦大學出版社，2007 年），頁 2109。

〔註92〕　孫津華，〈從文獻著錄看「七體」的演變〉，《河南教育學院學報（哲學社會科學版）》，第 27 卷第 2 期（2008 年），頁 73。

歷代賦體「七」類作品量表〔註93〕

	兩漢	六朝〔註94〕	唐〔註95〕	兩宋〔註96〕	元	明〔註97〕	清〔註98〕
篇數	15	34	2	6	1	22	16

　　季麒光〈客問〉在清代「七」體之中所顯示的意義有二：其一，依目前學界之研究，康熙〈七詢〉為清代第一篇「七」體，孫科鏤依〈七詢〉之內容，判定為晚年之作〔註99〕。由於季麒光於宦臺期間（1684.11.8～1686.5.15）書寫〈客問〉，則〈客問〉應為現存清代「七」體之首篇。其二，就目前所知，清代「七」體僅有 15 篇，今又增補〈客問〉一篇，則清代「七」體共有 16 篇。

（二）〈客問〉之寫作特色

1. 形式

　　季氏〈客問〉如同歷代「七」體，以客發問領題，每段獨立一個主題，主人回應，形成一問一答的基本架構，前述皆否，終篇達成共識。又〈客問〉在歷代「七」體文學脈絡中，較接近柳宗元〈晉問〉，然又略有差異。主要的共通點，在於柳宗元〈晉問〉以「柳先生」與吳子的問答，季氏〈客問〉亦以「守

〔註93〕 本「歷代『七』體作品量表」參考下列資料：（一）游適宏，〈「七」：一個文類的考察〉，《國立編譯館館刊》，第 27 卷第 2 期，（1998 年 12 月），頁 217～220。（二）孫科鏤，《中國古代「七」體考論‧附錄》，（哈爾濱：黑龍江大學中國古代文學組碩士論文，2010 年 5 月），頁 88～101。（三）陳成文，〈「七」體考〉，《第八屆漢代文學與思想國際學術研討會》（政治大學中國文學系，2011 年 10 月 29～30 日），頁 1～14。按：三位作者所收錄之「七」體篇數，各有其標準，本章旨在論證季氏〈客問〉乃賦之「七」體，並不在於考證「七」體於歷代之篇數，故參酌三氏統計之最高篇數，以資佐證。

〔註94〕 按：游適宏 34 篇，孫科鏤 33 篇，陳成文 31 篇，本表取其最多數，註同上。

〔註95〕 按：游適宏 2 篇，孫科鏤 2 篇，陳成文 6 篇，陳氏多的 4 篇，取自《先唐文》，是否因陳氏所取材之《先唐文》，與六朝賦有重疊計算的可能？因此唐代之作品數，取游、孫二氏之計量方式，註同上。

〔註96〕 游適宏 5 篇，孫科鏤 5 篇，陳成文 6 篇，本表取其最多數，註同上。

〔註97〕 按：游適宏 15 篇，孫科鏤 22 篇，陳成文 17 篇，本表取其最多數，註同上。

〔註98〕 按：孫科鏤 13 篇，游適宏 11 篇，陳成文 15 篇，加季麒光〈客問〉一篇共 16 篇，註同上。

〔註99〕 孫科鏤，《中國古代「七」體考論》（哈爾濱：黑龍江大學中國古代文學組碩士論文，2010 年 5 月），頁 84。

土司令」芝螺主人與客的對答。差異點在於：（1）〈客問〉通篇依「六否一是」的七段結構進行，加序一段，共有八段。但〈晉問〉「山河、金鐵、名馬、北山、河魚、鹽寶、晉文公之霸業、堯之遺風」，全文九段，較〈客問〉多出一組對問。（2）〈客問〉既然與「七」體多數的八段行文相似，但在篇名設計上，卻未承襲「七□」，而是從柳宗元、陳子龍、王修玉以來的「□問」。但又不與柳氏等人以地名為篇名，而將「地名」更換為「客」。（3）柳宗元以親身經驗寫故鄉之勝，但季麒光卻以縣令身分寫臺地，故最後歸結為施政教化。

　　明人徐師曾云：「七者，文章之一體也。詞雖八首，而問對凡七，故謂之七，則七者，問對之別名。」〔註100〕意指「七」體為「設辭問對」的一種，若以徐師曾的說法，〈客問〉開臺灣賦中「述客主以首引，極聲貌以窮文」之先，其後以此結構進行創作約有十篇：

以「設辭問對」為結構作品表

時代	作者	篇名	客	主
康熙二十三年（1684）	季麒光	客問	客	芝螺主人
康熙二十六年（1687）	林謙光	臺灣賦	汗漫公子	廓宇先生
乾隆五年（1740）	周于仁	文石賦	石	余
光緒二十年（1894）	屠繼善	遊瑯嶠賦	嘯雲居士	主人
晚清（？）	陳宗賦	易重觔賦	客	程子
晚清（？）	陳宗賦	海客談瀛洲賦	客	李白
（？）	定洋	招寶山望海賦	客	王生
光緒十一年（1885）	吳德功	澎湖賦	天涯逸客	澎島主人
明治三十七年（1904）	吳德功	蜜柑賦	客	會中人
光緒十六年（1890）	洪繻	寄鶴齋賦	客	主人
（？）	洪繻	九十九峯賦	五嶽遊人	蓬瀛仙客
大正十一年（1922）	魏清德	新店賦	客	魏子

　　以「設辭問對」為結構者，行文上多駢散交雜，與科舉考試重格律之試賦不同。試賦流行的時期，使「設辭問對」之賦體結構在臺灣賦史之進行過程，相對少見於清代中期，而明顯集中於清初與清末、日治的原因。

─────────

〔註100〕〔明〕徐師增，《文體明辨序說》，王水照編，《歷代文話》，第 2 冊，（上海市：復旦大學出版社，2007 年），頁 2108～9。

2. 內容

（1）地志特色

〈客問〉深厚的地志特質，成為臺灣百年修志者之參考資料，此種特質非季氏首創，宋代都頡曾為鄱陽寫〈七談〉：

> 鄱陽素無圖經地志，元祐六年，餘干進士都頡，始作〈七談〉一篇，敘土風人物，云：「張仁有篇，徐濯有說，顧雍有論，王德璉有記，而未有形於詩賦之流者，因作〈七談〉」。〔註101〕

鄱陽素無圖經地志，至宋有江西餘幹進士都頡作〈七談〉，以敘說鄱陽古鎮人物山川之盛。清代王修玉本錢塘人，作〈越問〉鋪陳山川形勝、物產豐饒、地靈人傑、文章煥焉。唐代柳宗元〈晉問〉、宋代都頡〈七談〉、清代王修玉〈越問〉所賦寫之山川地貌、景觀風俗，均為中原人士所熟知，歷代文學作品亦有描述，不足為「奇」。然而臺灣為新闢之地，〈禹貢〉所不載，〈職方〉所不紀，彼時中原人士欲瞭解臺灣，僅能從康熙二十五年（1686）以後所撰寫的志書得知，但志書鴻篇巨帙，流傳攜帶兩不便，不如〈客問〉一文便利。

〈客問〉以「七」體問對為通篇架構，各段均具敷張揚厲、寫物圖貌之特質，志書之山川、疆域、物產，於〈客問〉一文各段均以「上……，下……，內……，外……」等鋪述技巧，展現其輿地的「空間」特質。〈客問〉中由客首發而問：「臺灣海中荒島，……今入版圖，……守險于地，滋利于民，主人守土司令，其說可得而舉乎？」看似「問施政之方」，但其實已將「守險于地，滋利于民」隱藏在內，故芝螺主人依次以「形勝、叢山、川河、麟獸、材木、五穀」六段陳述「地域之險」與「物產之利」，終篇以「教化」取得認同：

段落	排比	歸於主旨
第一段「形勝」	臺灣……近接……，遙分……。北憑……，西距……。外環……；內阻……；中有……。	表東海之觀，實古今所未有也。
第二段「叢山」	山谷之險，……以分南北；……以界東西……海外之……內山之……。或高而……，或幽而……。……於其上，……於其下。……以……以……，可……可……。	覷關蹀戶，當者失據。

〔註101〕〔宋〕洪邁，〈鄱陽七談〉，《容齋五筆》卷六，《四庫全書精華》第 25 冊（北京：國際文化出版，1995 年），頁 567。

第三段「川河」	大海之波濤不知其幾萬里也，東寧之地，惟水是衛。……北注之……南來之……千里萬潮……。……東渡、西渡，……大鄉、小鄉。	扼其要可以制患，資其利可以裕民。
第四段「麟獸」	羽毛齒革……。鹿之……，或……而……、或……而……；忽……忽……，乍……乍……。牛之……，閑以……，制以……。	國收其贏，民資其用。
第五段「材木」	豫章之木，淇川之竹，民用於是而具也。重山之中，產有異材，……大者……；小者……者……者，……者……者，……者……者，爲……爲……，爲……爲……；……之……之……，曰……曰……。	飭力用材，聖人之作也。
第六段「五穀」	有人斯有土，有土斯有財。以……則……，以……則……。上……可……，下……可……；宜……宜……，宜……宜……。……秫秫，……粘粘；……黍黍，……秈秈。……分……，……別……之、以……以……。	倉廒洛陽之儲，常平大通之備，民無輸輓，可以有濟。
第七段「教化」	先之治也，東西南朔，以海爲限。……慮之……撫之。……之官，……之長，……之師，……之吏，示之……而……，順其……而……。所以……之使……也，所以……之使……也。於是……，和以爲……，儉以爲……，寬以……，恬以……之倫，……之族，習以……，導以……。	善徵之圖，化民成俗之本也。

　　劉勰《文心雕龍・雜文》以爲「枚乘摛豔，首製七發，腴辭雲構，夸麗風駭。」季氏〈客問〉雖未如枚乘〈七發〉「腴辭雲構，夸麗風駭」，以達到其目的，但由第一段至第七段，依次由「形勝、叢山、川河、麟獸、材木、五穀」，符合志書之分卷類目，季氏以此特質凸顯地輿圖志之空間想像，而於末段歸結於守土司令之施政主旨，同時也達到了「賦代地志」的目的。

（2）施政特色

　　〈客問〉由「客」提出：「臺灣在『守險于地，滋利于民』的自然地理環境下，如何展開治臺之大計」？全文敘述脈絡由此展開。季氏身爲諸羅縣令，以浮游於淺海中殼薄易碎的「芝螺」自喻，有「小邑縣令」謙稱之意，但此「小邑縣令」於六次的發言均能由「形勝、叢山、川河、麟獸、材木、五穀」回歸「守土、利民」之主旨，最終以「教化」取得「客」的認同，云「今聖天子方致太平，登三而咸五舉，主人言以臺灣片壤通諸天下，吾知其易易也。」

在贊頌大清盛世的前題下，藉由「臺灣之治」而知「天下之治」，呈現作者有「通諸天下」的壯思與仕宦的企圖心。

「七」體自枚乘〈七發〉以來即帶著強烈的勸誡諷喻色彩，後世由「問疾」衍生為「招隱」主題。由於首段之後借客之問，以鋪張揚屬的筆法，分陳六事，此六事為文章之精髓，〈客問〉六事由於深具「賦代地志」的特質，故不見「七」體常有之勸誡諷喻特質。清代「七」體中亦有以施政為主旨，但不具勸誡諷喻特質者，如康熙晚年所作之〈七詢〉，長達七千餘字，以「體元主人」與「近侍之臣、文學之臣、介冑之臣、釋氏之流、道家之流、醫術之臣、岩阿一老」等七臣的對答，七臣各抒己見，但體元主人不認同前六臣之建言，最後康熙認同岩阿一老芻蕘之言，以民為重之主旨終篇。由於體元主人顯然就是康熙自己，故全文以兢兢業業、不知老之將至的執政態度為敘事主旨，因此沒有勸誡諷喻的表達手法。

四、承繼沈光文之創作精神

季麒光〈客問〉具有「地志特質」，與沈光文賦作具有「紀實特質」，有相似之處。故以「亦師亦友」、「倡酬之作」、「〈客問〉對〈臺灣賦〉之模擬」等三面向，論述〈客問〉對沈氏賦作精神之繼承。

（一）亦師亦友

季麒光詩題具有紀實特色，由詩題內容即可得知季、沈二人知交往來，其中包括季氏經常向沈氏問學：

> 〈余至東寧，方謂知音和寡，結契無人。斯菴先生以慈遺一老，傾蓋投合。<u>兩年以來，倡酬講論，教益良多。至天水閒話、花月新聞，時出其緒餘，破我岑寂，殆如周黨歸來，重說漢朝者乎</u>。及余謝事索居，先生殷勤注念，風雨之中以詩寄慰，始知道義心期，非同流俗，可無煩翟門之題矣。敬和來韻，以誌不忘〉，（《蓉洲詩稿選輯》，頁26）

由「倡酬講論，教益良多。至天水閒話、花月新聞，時出其緒餘，破我岑寂，殆如周黨歸來，重說漢朝者乎。」可見季氏以沈為師，學習許多。如麒光曾請教「句有兩春字」為何種詩？沈氏教之以「花月詩」作法，該詩雖雕字琢句，然必須含有寄託。並親自示寫花月律詩一首。季拜讀後發出「因知老作家針線在手，別見體裁」的慨嘆。當夜思索難眠，也撰成二首

〈花月詩〉就教於沈氏：

> 〈作詩一字疊用，宋人時有之。西冷李生以新詩相示，皆句有兩春字，遂與斯菴讀之。斯菴曰：『昔人花月詩即此一體，然必有所托意，雖標新領異，其中自有位置，非有意有字即便填入者也。』斯菴歸，即以一律惠教。因知老作家針線在手，別見體裁。客窗無寐，聊成二首，雖寄意于閨情旅思，而囈語胡謅，未見其工，以質斯菴〉（《蓉洲詩稿選輯》，頁 47）

在「七」體創作風氣未盛的清初，依目前所見，季氏〈客問〉為清代第一篇「七」體。由於明代「七」體創作盛於清代，〈客問〉有部分之句子模擬〈臺灣賦〉，因此季氏創作〈客問〉的嘗試，是否如同前述「模擬沈氏花月詩」的創作動機？

（二）倡酬之作

沈光文曾於〈題梁溪季蓉洲先生海外詩文序〉中云：「余素承先生以余為海外一人，余亦以先生為海外知己，故集中詩文，與余相倡和過半焉。」（《蓉洲文稿選輯》，頁 2）而《蓉洲詩稿選輯》有多達 22 首與沈氏和韻之詩作〔註102〕。除了以詩作和韻之外，以下尚有三組「詩／文」之擬作，〈題梁溪季蓉洲先生海外詩文序〉為沈氏作於季離臺之作，特意擬寫季氏詩句，可見其離別依依之友情。

第一組	季：〈別沈斯菴〉「一言執手即留連，千秋傾蓋攄懷抱」
	沈：〈題梁溪季蓉洲先生海外詩文序〉「一語情深，定交傾蓋」
第二組	季：〈別沈斯菴〉「先生誦我江南詞，我讀先生海外稿」
	沈：〈題梁溪季蓉洲先生海外詩文序〉「先生出舊刻示余，余亦以存艸呈教」
第三組	季：〈壽沈斯菴〉「茫茫大海東，位置余與爾」
	沈：〈題梁溪季蓉洲先生海外詩文序〉「余素承先生以余為海外一人，余亦以先生為海外知己」

由於季氏視沈氏為師，多擬沈氏之韻、模擬沈氏之作，「花月詩」如此，和韻詩如此，〈客問〉對〈臺灣賦〉之模擬亦如此。

〔註102〕王淑蕙，〈從《蓉洲詩文稿選輯、東寧政事集》論季麒光宦臺始末及與沈光文之交遊〉，頁 136～140。

（三）〈客問〉對〈臺灣賦〉之模擬

盛成首先發覺〈客問〉部分句子模擬沈氏〈臺灣賦〉〔註103〕，有鑑於《重修臺灣府志》對於〈客問〉並非有意刪減的收錄態度，同時期《重修臺灣府志》所收錄之〈平臺灣序〉並非有意刪改，現今所見沈光文〈平臺灣序〉極可能是主編范咸當時所見，以下爲「〈客問〉擬作〈平臺灣序〉」表。

〈客問〉擬作〈平臺灣序〉表〔註104〕

組別	〈客問〉擬作〈平臺灣序〉原文對照	備註
1	〈平臺灣序〉「東南則日本之〈舟古〉舶常通，」（頁865） 〈客問〉「日本之彜舶常通。」（頁100）	△ 〔註105〕
2	〈平臺灣序〉「十年生聚，十年教養，」（頁866） 〈客問〉「十年生聚，十年教訓。」（頁105）	△
3	〈平臺灣序〉「鯽魚潭可饒千金之利，打鼓澳能生三倍之財。」（頁867） 〈客問〉「鯽魚潭、打狗〔註106〕澳，漁舟雲集；」（頁102）	△
4	〈平臺灣序〉「北線尾夜靜潮平，月沉水鏡；」（頁867） 〈客問〉「北線尾、中樓仔，夜靜潮平；」（頁101）	○
5	〈平臺灣序〉「鳳山葱鬱層巒，」（頁867） 〈客問〉「鳳山則葱蔚弘開，」（頁101）	○
6	〈平臺灣序〉「七鯤身結萬山之脈，三茅港匯湍水之宗。」（頁867） 〈客問〉「七昆身毗連環護，三茅港匯聚澄泓。」（頁102）	△
7	〈平臺灣序〉「洋則分大〈犭郎〉、小〈犭郎〉，」（頁867） 〈客問〉「洋別大鄉、小鄉。」（頁102）	△
8	〈平臺灣序〉「嶺後、嶺前，……；舊渡、新渡，……。」（頁866） 〈客問〉「前嶺、後嶺，以界東西。路分東渡、西渡，……」（頁101）	○

〔註103〕盛成，〈遺文・臺灣輿圖考〉，《臺灣文獻初祖──沈光文斯菴先生專集》（臺北市：寧波同鄉月刊社，1977年），頁92～3。

〔註104〕沈氏〈臺灣賦〉以〈平臺灣序〉之版本，〈客問〉則以《蓉洲》版爲主，引文之末則爲各版本之頁數。

〔註105〕按：盛成首先提出〈客問〉部分句子模擬沈氏〈臺灣賦〉，因此「〈客問〉擬作〈平臺灣序〉表」中爲盛教授提出者以「○」顯示，本書增補的部分則以「△」顯示。

〔註106〕《重修臺灣府志》作：鼓。

由上表可知〈客問〉共八組擬作〈平臺灣序〉的句子中，約有六組集中於〈平
臺灣序〉第二段描述臺灣輿地之處，此處擬作之密度較高，或許足以證明此
段為沈光文〈臺灣賦〉原文，以及沈氏〈臺灣賦〉對季氏〈客問〉之影響程
度。盛成認為：

> 沈氏之〈臺灣賦〉，為後代作〈臺灣賦〉之藍本，如林謙光、高拱乾、
>
> 張從政、陳輝、王必昌、季麒光之答〈客問〉，亦復借鏡於此。〔註107〕

可見沈氏賦作早在臺灣志賦大量寫作之前，已因其二十餘年之踏察心血，作
為宦臺官員賦寫臺地之基礎，其中季氏最得其精髓，故其〈客問〉被割裂為
【六條】版，成為臺灣百餘年修志事業之參考資料，此特質為林謙光、高拱
乾、張從政、陳輝、王必昌等人所不及。又季氏〈客問〉全文未曾被刊刻在
清代臺灣志書中，因此〈客問〉之「七」體書寫形式與「極臺地山川物產之
勝」的特質，未能在清代臺灣方志〈藝文志〉造成影響，實為可惜。

〔註107〕盛成，〈遺文・臺灣輿圖考〉，《臺灣文獻初祖——沈光文斯菴先生專集》，頁
　　　　107。

第三章　志賦之收錄與書寫

　　臺灣志賦肇始於康熙二十四年（1685）年底至道光二十二年（1842）止，清代三次設局開館纂修《大清一統志》。清領之初，臺灣既是「草昧初開，無文獻之徵」〔註1〕，朝廷宦臺官員趁纂志之便，撰寫揄揚盛世之賦篇附於志書〈藝文志〉中，形成臺灣賦第一階段「志賦」之興盛特色。志賦著重於地域形勝與豐沛物產，宦臺官員受限於居臺時間短暫，寫出足以代表地方特色的志賦，有主、客觀上的困難。尤其清制官員任期原本三年一任，雍正七年（1729）議定新舊官員來臺交接半年，依下列引文，則官員實際在臺時間僅剩一年半：

> 雍正七年議准：「臺灣道、府、同知、通判、知縣到任一年，令該督、
> 撫於閩省內地揀選賢能之員，乘北風之時令其到臺，與舊員協辦；
> 半年之後，令舊員乘夏月南風之便回至內地補用。政績優著者，准
> 其加二級；稱職者，准其加一級，以示鼓勵。」〔註2〕

雍正七年（1729）議定各級官員到任臺灣一年之後，福建督撫即開始於省內細選賢能，選出的新員乘北風抵臺述職，經過半年公務交接期後，舊員再乘南風回內地〔註3〕。此議將實際任期由三年降為一年半，一年半中有半年是新舊官員交接協辦期，一方面縮短任期以減輕家眷無法隨行的實際負擔，二方面政績卓著者可加陞二級、稱職者加陞一級等優惠措施吸引賢能，種種優惠顯示臺灣當時仍處於難以管轄之地。草昧初開、少有文獻可供查詢，又兼許

〔註1〕　〔清〕季麒光，〈臺灣誌書前序〉，〔清〕蔣毓英纂修：《臺灣府志》（臺北：
　　　　文建會，2004年11月），頁122。

〔註2〕　〔清〕周璽總纂，〈官秩志・文秩・附載【官秩例】〉，《彰化縣志》（臺北：文
　　　　建會，2006年12月），頁170。

〔註3〕　按：於福建先乘北風抵達臺南安平赴任，離任時再於安平港乘南風回到內地，
　　　　有其季節風向航行的安全考量。

多原民領地，漢人難以靠近等條件下，僅僅「一年半」的時間，又有官衙吏治等事，要能寫出深具「山川風物、紀實探源」特色的志賦相當困難。

在清廷下令全國修志之前，沈光文以二十餘年實地踏察，開啓紀實訪勝之賦作特色。沈氏賦作因獨具臺灣史地情懷，成爲臺志重要參考書。首任諸羅縣令季麒光〈客問〉模擬沈光文〈臺灣賦〉部分文句，百年來爲清代臺志所引述取用。原本沈、季二人開創之探源紀實特色，應可成爲臺灣地理賦作的開端，然而康熙三十五年（1696）高拱乾纂修《臺灣府志》收錄林謙光與自己所作之〈臺灣賦〉，開啓官員以內地景物寫作臺灣志賦的另一種脈絡。康熙六十年（1721）巡臺御史黃叔璥曾比較這兩種脈絡的差異：

> 榆林高拱乾〈臺灣賦〉率藉中土景物渲染，似不足以形容。無錫季麒光所著〈客問〉，獨<u>不作泛設語</u>，頗極臺地山川物產之勝；諸志略而不載，……〔註4〕

季麒光〈客問〉不作泛設語，代表繼承沈光文實地踏察一脈。但沈氏一脈發展困難的主因，在於臺灣整體漢化程度不足，「詢其民，陋於雕題黑齒；問其俗，猶是飲血茹毛」〔註5〕，短期居住者難以從事實地踏察之創作。直到乾隆二十九年（1764），臺灣鳳山人卓肇昌參閱《重修鳳山縣志》以自注形式撰寫〈臺灣形勝賦〉，接續沈、季二人的賦作風格。卓氏之後，臺籍士子埋首科舉律賦，走向「清眞雅正」的「宗唐」風格。實地踏察一脈本應爲「地理賦」寫作之常態，第二章已探究沈光文、季麒光賦作特色，本章將探索康熙三十五年（1696）由高拱乾開啓之另一種脈絡。

清代臺灣志賦具有史地風物情懷，並非獨創。東漢班固〈兩都賦〉即以虛擬人物敘述長安險要形勢、物產豐饒等，故本章第一節首論「**臺灣志賦之肇始**」。康熙三十五年（1696）高拱乾纂修《臺灣府志》開啓修志收錄己作首例。事實上因纂修史書之便而收錄己作，始自班固《漢書》。臺地因草昧初創，無文獻之徵，故身兼一邑之長的作者，多將己作收入志書〈藝文志〉中。「收錄己作」並非編纂〈藝文志〉的慣例，也因此志書〈凡例〉往往對〈藝文志〉收錄原則有言簡意賅的說明，故於第二節「**志賦收錄準則**」論述之。清代乾隆年間袁枚提出漢魏六朝人作賦有「賦代志乘」之意，嘉慶年間有徐松因謫

〔註4〕 〔清〕黃叔璥，《臺海使槎錄》《清代巡臺御史巡臺文獻》（北京：九州出版社，2009年12月），頁268。

〔註5〕 〔清〕楊廷耀，〈臺灣府志序〉，〔清〕高拱乾纂輯，〈風土志‧土番風俗〉，《臺灣府志》，頁27。

戍伊犁，七、八年間遊歷兩萬里〔註6〕，完成含自注多達兩萬餘字的〈新疆賦〉。此等「封疆增色」的「賦代志乘」特質，正可省思：大量作者身兼「志書編者」、「志賦作者」、「一邑治者」三種身分合一的角色，將交融出何種賦作特質？對於吾人看待清代臺灣志賦，又將開啓何種新的視野？故於第三節以「以賦佐志之書寫特色」，說明志賦書寫之多重視野。

第一節　臺灣志賦之肇始

一、賦之地理情懷〔註7〕

　　「鋪采摛文，體物寫志」（《文心雕龍·詮賦》）是賦體的書寫特色。漢賦中經常將「山川風物、鳥獸蟲魚」依其東南西北、內外上下、前後左右……，開創出「以類相從」的鋪敘手法。此種手法粗具「星野、沿革、建置、疆界、形勝、山川……」等依次分類的志書編寫模式。東漢以來興起之都邑賦，如班固〈兩都賦〉、張衡〈二京賦〉等，藉著鋪述都邑形勢險要、物產富庶，不僅蔚爲長篇巨構，且具有志書特質。迨及西晉左思之〈三都賦〉，踵事增華，洛陽爲之紙貴。〈三都賦序〉敘其創作歷程云：

　　　　余既思摹〈二京〉而賦〈三都〉，其山川城邑則稽之地圖，其鳥獸草
　　　　木則驗之方志；風謠歌舞，各附其俗；魁梧長者，莫非其舊。何則？
　　　　發言爲詩者，詠其所志也；升高能賦者，頌其所見也。〔註8〕

此類都邑賦作與志書之編纂手法相似，如高拱乾〈臺灣府志序〉「凡山川之險易、水土之美惡、物產之有無、風氣之同異、習俗之淳薄，遠自生番殊俗，下及閭閻纖悉，每聞見有得，輒心識而手編之」〔註9〕，可見漢代騁辭大賦幾

〔註6〕　〔清〕徐松，〈新疆賦並序〉，自云於「嘉慶壬申之年，西出嘉峪關，由巴里坤達伊犁，歷四千八百九十里，越乙亥于役回疆，度木素爾嶺，由阿克蘇葉爾羌達喀什噶爾，歷三千二百里，其明年還伊犁。所經者：英吉沙爾、葉爾羌、……歷七千一百萬六十八里，既覽其山川、城邑，考其建官設屯。」，《新疆史志》，第2部第5本，《中國邊疆史志集成》（北京市：全國圖書館文獻縮復制中心出版，2003年），頁3。

〔註7〕　關於「賦之地理情懷」之說，取自許結，〈論賦的地理情懷與方志價值〉，《賦體文學的文化闡釋》（北京：中華書局，2005年9月），頁139～158。

〔註8〕　〔晉〕左思，〈蜀都賦並〈三都賦〉序〉，趙逵夫主編，《歷代賦評注·魏晉卷》（成都市：四川出版集團巴蜀書社，2010年2月），頁423。

〔註9〕　〔清〕高拱乾，〈臺灣府志序〉，〔清〕高拱乾纂輯，《臺灣府志》（臺北：文

乎成爲都邑形勝之絕佳載體。

　　張衡、左思以十年撰成一賦，所耗費之精力與光陰，在於運用賦體之雄誇藻飾，再現「長安、洛陽」二京與「魏都鄴、蜀都成都、吳都建業」三都。此等都邑大賦全面呈顯地理形勝、寶物特產、宮闕建築、禮儀制度等。孔子云讀《詩》可多識於鳥獸草木蟲魚之名，但賦之博識特質，使「詩、賦」漸有分別，如葛洪《抱朴子‧鈞世》云：「毛詩者，華彩之辭也，然不及〈上林〉、〈羽獵〉、〈二京〉、〈三都〉之汪濊博富也。」〔註 10〕此爲大賦具有志書、類書之特質。隨著志書、類書的出現與興盛，京都大賦逐漸失去其「代替京都志」的功能。許結《賦體文學的文化闡釋》云：

> 在賦史研究領域，有一常見觀點即是漢代京都大賦代表「一代文學」之勝，很大程度在於全面描述京城文化，有代替京都志的價值，而魏晉以降志書、類書出現且日見興盛，京都大賦便相對失去存在意義，其衰落亦歷史的必然。〔註 11〕

京都大賦逐漸衰落，但賦之地理情懷與博識特質，仍在文人筆下持續創作。「賦代志乘」一脈，歷代仍有文人賦寫故鄉，如唐柳宗元〈晉問〉、宋都頡〈七談〉、清王修玉〈越問〉等。「賦代類書」一脈，則有宋吳淑的〈事類賦〉、徐晉卿〈春秋類對賦〉等。

　　賦因具有體物博識特質與都邑賦「稽之地圖、驗之方志」等寫實特色，清人總結而提出「賦代志乘」的觀點。如陸次雲〈與友論賦書〉云：

> 漢當秦火之餘，典墳殘缺，故博雅之儒，輯其山川名物，著而爲賦，以代乘志。（《北墅緒言》卷四）〔註 12〕

袁枚〈歷代賦話序〉云：

> 古無志書，又無類書，是以〈三都〉、〈兩京〉，欲敍風土物產之美，山則某某，水則某某，鳥獸草木蟲魚則某某。必加窮搜博訪，精心致思之功，是以三年乃成，十年乃成。而一成之後，傳播遠邇，至於紙貴洛陽。蓋不徒震其才藻之華，且藏之巾笥，作志書、類書讀故也。今志書類書，美矣備矣，使班、左生於今日，再作此賦，不

建會，2004 年 11 月），頁 29。

〔註 10〕〔晉〕葛洪，《抱朴子》（臺北：新文豐書局，1998 年 3 月），頁 199。

〔註 11〕許結，《賦體文學的文化闡釋》（北京：中華書局，2005 年 9 月），頁 117。

〔註 12〕〔清〕陸次雲，〈與友論作賦書〉，《北墅緒言》，《四庫全書存目叢書‧集部》，第 237 冊（臺南：莊嚴文化事業公司，1997 年 6 月），頁 364。

過採擷數日，立可成篇，而傳抄者亦無有也。〔註13〕

袁枚將都邑大賦之盛行歸於賦具有志書、類書之功能。其實漢魏晉雖無志書，卻有不少類書，只是多已亡佚，〔註14〕袁枚誤以魏晉六朝無類書，作出「班、左等人欲作大賦，需耗時三至十年，考稽古昔、窮搜博採，賦成之後，讀者競相傳抄以廣其學」的推論。姑且不論班固、左思官居秘書郎所能閱讀之皇室書籍的層面，他所撰寫之〈三都〉未必與所能接觸到的類書知識相同。季麒光於〈跋沈斯菴《襍紀詩》〉中云：

憶幼讀《西京襍紀》，載上林令虞淵花木簿，排名列目，使人有盧橘
蒲桃之感。〔註15〕

說明幼時讀《西京襍紀》與〈上林〉賦內的名花異草相互印證之事。由季麒光、陸次雲、袁枚等人所述，可見彼時清人認同閱讀漢魏京都大賦，具有「志書、類書」的作用。

康熙時期因丁酉科場案流放於寧古塔二十餘年之吳兆騫，作〈長白山賦〉經天子賞識而允許納資贖歸，開啓一代邊疆賦篇之盛。加上乾隆帝作〈聖京賦〉，風行草偃，一時使臣、流臣均為出訪地、新關地作賦，後繼者有乾、嘉之世的英和〈卜魁城賦〉、和寧〈西藏賦〉、徐松〈新疆賦〉等，開啓清代輿地賦作的書寫風潮。

二、《大清一統志》與臺灣志賦

清廷為便於治理，沿襲元朝《大元　統志》、明朝《大明一統志》，統治之初即展開大規模之修志事業。始自康熙二十四年（1685）年底開館設志局，終至道光二十二年（1842）為止，三次纂修《大清一統志》。長達百餘年之修志風潮中，臺灣既是草昧初開，文獻未備，朝廷宦臺之官員，趁纂修志書之便，撰寫揄揚盛世之賦篇附於志書之〈藝文志〉中。此舉既可名列開臺賦作，

〔註13〕　〔清〕袁枚，〈歷代賦話序〉，〔清〕浦銑，《歷代賦話》，《續修四庫全書》（上海：上海古籍出版，2002年），頁1。

〔註14〕　劉全波引趙含坤《中國類書》，統計魏晉南北朝時期有30多部類書，如三國時期有《皇覽》，南朝有《壽光書苑》、《華林遍略》、《四部要略》，北朝有《修文殿御覽》等類書，詳見：劉全波，〈魏晉南北朝類書發展史論綱〉，《天府新論》第1期（2011年），頁146～148。又錢汝平〈魏晉南北朝的類書編撰〉，認為魏晉南北朝的各種類書中，宗教性類書占大多數，對後世的影響最大。詳見：錢汝平，〈魏晉南北朝的類書編撰〉，《圖書館雜誌》第7期（2006年），頁73。

〔註15〕　〔清〕季麒光，〈跋沈斯菴《襍紀詩》〉，李祖基點校，《蓉洲文稿選輯》（香港：香港人民，2006年1月），頁99。

得以流傳後世，又能於君王覽讀臺郡志書之際，因興地賦作的書寫而達朱戲邀恩之目的，凡此均為宦臺官員蹈海出仕的潛在誘因。

康熙二十三年（1684）臺灣設立一府（臺灣府）三縣（臺灣縣、鳳山縣、諸羅縣），二十四年底設局開館，二十五年一月完成首部臺志《臺灣府志》〔註16〕，彼時臺地初闢，既未收錄明遺沈光文之作，又難以番歌〔註17〕入編〔註18〕，彼時季麒光雖撰有〈客問〉，卻謹守纂志原則未錄己作，故二十五年版《臺灣府志》未設有〈藝文志〉。直到康熙三十五年（1696）高拱乾主修《臺灣府志》，其中「賦」目之下收有：康熙二十六年（1687）首任府學教授林謙光〈臺灣賦〉、高拱乾〈臺灣賦〉，高氏首開纂修「志書」、撰寫「志賦」、一邑之長，同為一人之先例。從此各《志》若設有〈藝文志〉者，多有賦作收錄，自康熙二十六年至光緒二十年止，若不計重複收錄之賦作，清代因修志事業而留存之志賦凡 27 篇：

清代臺灣志賦收錄表

收錄年〔註19〕	作者	籍貫	身分	篇名〔註20〕	收錄之志書
康熙二十二年～二四年間〔註21〕（1683～5）	周澎	福建晉江	事於施琅帳下	平南賦	重修福建臺灣府志

〔註16〕康熙 25 年有《康熙福建通志臺灣府》之刊行，較蔣《志》刊行時間較早，然根據黃美娥〈點校說明〉，《康熙福建通志臺灣府》乃擷取蔣《志》之內容，同年補刻入《福建通志》中。詳見：〔清〕金鋐主修，《康熙福建通志臺灣府》（臺北：文建會，2004 年 11 月），頁 15。

〔註17〕近年以「原住民」取代昔日略帶種族偏見的「番」字用語，本處行文以「番歌」，乃置於清初修志情境，引述首任諸羅縣令季氏詩句，不得已之言。

〔註18〕按：「不堪寂寞問笙歌，聽到番言字字訛」，詳見〔清〕季麒光，〈中秋漫興〉（和斯菴）其二《蓉洲詩稿選輯》，頁 39。

〔註19〕若確知寫作於何年，則不以志書刊行年，而改以寫作年，並加注說明。

〔註20〕篇名之排序，除了周澎〈平南賦〉之外，依簡宗梧、許俊雅主編《全臺賦校訂》之排序。

〔註21〕〔清〕周澎〈平南賦〉內容記錄康熙 22 年（1683）隨施琅大軍征臺之時期，根據《靖海記事》〈後記〉「閩中搢紳於康熙二十三年刊平南紀詠，鄭撰平南行、周撰平南賦即其中之文字，」可知〈平南賦〉之寫作時間點，約於康熙 23 年。然而正式收錄於台灣志書，則是收錄於乾隆 7 年（1742）刊行的《重修福建臺灣府志》。〈後記〉，〔清〕施琅，《靖海記事》，《臺灣文獻叢刊》第 13 種（臺北市：臺灣銀行經濟研究室編印，1957 年 10 月），頁 99。

康熙二十六年（1687）	林謙光	福建長樂	臺灣府學教授	臺灣賦	臺灣府志
康熙三十五年（1696）	高拱乾	陝西榆林	福建分巡臺廈道兼理學政	臺灣賦	臺灣府志
康熙五十八年（1718）	李欽文	府治東安坊	編纂《鳳山縣志》	紅毛城賦	鳳山縣志
乾隆十七年（1719～1752）	李欽文	府治東安坊	分訂《重修臺灣府志》、分修諸羅、鳳山、臺灣三縣志	赤嵌城賦	重修臺灣縣志
乾隆元年（1736）〔註22〕	周于仁	四川安岳	澎湖通判	觀海賦	澎湖志略
乾隆元年（1736）	周于仁	四川安岳	澎湖通判	文石賦	澎湖志略
乾隆十七年（1752）	張從政	臺灣府治東安坊	分修《臺灣府志》	臺山賦	重修臺灣縣志
乾隆十七年（1752）	張湄	浙江錢塘	巡臺御史	海吼賦	重修臺灣縣志
乾隆十七年（1752）	陳輝	臺灣縣	編纂《重修臺灣縣志》	臺海賦	重修臺灣縣志
乾隆十七年（1752）	王必昌	福建德化	總輯《重修臺灣縣志》	臺灣賦	重修臺灣縣志
乾隆十七年（1752）	王必昌	福建德化	總輯《重修臺灣縣志》	澎湖賦	重修臺灣縣志
乾隆二十九年（1764）	朱仕玠	福建建寧	鳳山縣教諭	夾竹桃賦	重修鳳山縣志
乾隆二十九年（1764）	林萃岡	臺灣鳳山	歲貢	秋牡丹賦	重修鳳山縣志
乾隆二十九年（1764）	卓肇昌	臺灣鳳山	參閱《重修鳳山縣志》	臺灣形勝賦	重修鳳山縣志

〔註22〕周于仁〈觀海賦〉、〈文石賦〉創作年限，根據張光前〈點校說明〉：「周于仁於雍正末、乾隆初任澎湖通判，任滿將去，以聞見所及輯成一卷，為《澎湖志略》，於乾隆元年（1736）。胡格署澎湖廳後，取其書而增益之，仍其舊名，序以乾隆五年（1736）。」顯然周于仁〈觀海賦〉、〈文石賦〉應完成於乾隆元年（1736）之前。詳見：張光前，〈點校說明〉，〔清〕周于仁纂輯，《澎湖志略》（臺北：文建會，2005年6月）。

乾隆二十九年（1764）	卓肇昌	臺灣鳳山	參閱《重修鳳山縣志》	鼓山賦	重修鳳山縣志
乾隆二十九年（1764）	卓肇昌	臺灣鳳山	參閱《重修鳳山縣志》	鳳山賦	重修鳳山縣志
乾隆二十九年（1764）	卓肇昌	臺灣鳳山	參閱《重修鳳山縣志》	三山賦	重修鳳山縣志
乾隆二十九年（1764）	卓肇昌	臺灣鳳山	參閱《重修鳳山縣志》	龍目井泉賦	重修鳳山縣志
乾隆二十九年（1764）	卓肇昌	臺灣鳳山	參閱《重修鳳山縣志》	莿桐花賦	重修鳳山縣志
乾隆二十九年（1764）	林夢麟	臺灣鳳山	校對《重修鳳山縣志》	臺灣形勝賦	重修鳳山縣志
乾隆二十九年（1764）	陳洪圭	臺灣鳳山	臺灣鳳山	秀峰塔賦	重修鳳山縣志
咸豐二年（1852）	黃學海	噶瑪蘭廳	彙校《噶瑪蘭廳志》	龜山賦	噶瑪蘭廳志
咸豐二年（1852）	李祺生	噶瑪蘭廳〔註23〕	續輯《噶瑪蘭廳志》	龜山賦	噶瑪蘭廳志
光緒二十年（1894）	屠繼善	浙江會稽	纂輯《恒春縣志》	遊瑯嶠賦	恒春縣志
光緒二十年（1894）	鍾天佑	廣東應嘉	義塾師	庚寅恆春考義塾賦	恒春縣志
光緒二十年（1894）	康作銘	廣東南澳	校定《恒春縣志》	瑯嶠民番風俗賦	恒春縣志

　　長達兩百年的清代臺灣方志，僅收賦 27 篇看似不多，然而上表部分賦作曾被不同時期的臺灣志書多次收錄，尤以康熙三十年任福建分巡臺廈道兼理學政的高拱乾之〈臺灣賦〉，前後經康熙三十五年（1696）之《臺灣府志》、康熙五十八年（1719）之《鳳山縣志》、康熙五十九年（1720）之《臺灣縣志》、雍正十三年（1735）之《臺灣志略》、乾隆七年（1742）之《重修福建臺灣府志》、乾隆十七年（1752）之《重修臺灣縣志》、乾隆三十九年（1774）之《續

〔註23〕根據林麗鳳《詩說噶瑪蘭，說噶瑪蘭詩——清代宜蘭地區古典詩研究》，〈第三章　鍾靈毓秀孕詩人——詩人傳略〉、〈第一節　本地詩人〉之〈肆、其他——黃學海、李祺生、林師珠、林拱成〉，詳見：林麗鳳，《詩說噶瑪蘭，說噶瑪蘭詩——清代宜蘭地區古典詩研究》，（國立政治大學國文教學碩士論文，2006 年 7 月）。

修臺灣府志》、嘉慶十二年（1807）之《續修臺灣縣志》，為臺灣方志中被重複收錄次數最多者。

臺灣方志賦作之內容大要，依其內容約分為「地域」、「物產」及「風俗文教」三類：

1. 地域

（1）臺灣──〈臺灣賦〉三篇、〈紅毛城賦〉、〈赤嵌城賦〉、〈臺山賦〉、〈臺灣形勝賦〉兩篇、〈龜山賦〉、〈鼓山賦〉、〈鳳山賦〉、〈三山賦〉、〈龍目井泉賦〉、〈秀峰塔賦〉、〈遊瑯嶠賦〉、〈瑯嶠民番風俗賦〉。

（2）澎湖──〈澎湖賦〉。

（3）海峽──〈觀海賦〉、〈海吼賦〉、〈臺海賦〉。

2. 物產

（1）臺灣本島──〈夾竹桃賦〉、〈莿桐花賦〉。

（2）澎湖外島──〈文石賦〉。

3. 風俗、文教

恆春──〈瑯嶠民番風俗賦〉、〈庚寅恆春考義塾賦〉。

值得注意者，自康熙五十九年（1720）開始，臺籍賦家之作品開始被收錄。清代臺灣方志〈藝文志〉共收錄的 27 篇賦作中，臺籍者占 15 篇，作品量超過清代臺灣方志賦作一半。這些臺籍賦家作品，絕大多數是修志之便收入己作，僅有極少數被選編入志。衡量清代臺灣之時空條件，漢化僅三百餘年，又有大小民變、政權移轉的客觀條件下，若非《大清一統志》之修志事業，許多臺籍賦家之作品難以流傳。因此《大清一統志》之修志事業，對於臺灣賦作保存有極大的助益。

第二節 志賦收錄準則

賦收入史書中，始自《史記》；賦列於藝文志中，始自《漢書》。方志中採錄藝文作品，大約始於北宋太宗時的《太平寰宇記》，此後逐漸相沿成習〔註24〕。明代方志〈藝文志〉所收錄的藝文作品皆經過汰選〔註25〕，清代臺灣

〔註24〕 游適宏，〈地理想像與台灣認同：清代三篇《台灣賦》的考察〉，《台灣文學研究學報》，第 1 期（2000 年），頁 165。

〔註25〕 同上註，頁 166。

方志多達四十餘種，是否著錄〈藝文志〉標準不一，康熙二十五年一月版《臺灣府志》未設有〈藝文志〉，康熙三十五年版《臺灣府志》〈藝文志〉「賦」目下收有賦作 2 篇。《蔣志》未收錄編者季麒光〈客問〉，《高志》則收錄主編高拱乾〈臺灣賦〉，十年間方志收賦的態度丕變。由於方志〈凡例〉決定編輯方針，而〈藝文志〉收賦與否？其收錄的標準爲何？往往也由〈凡例〉之編輯方針所定。因此本節依（附表一）「清代臺灣方志〈凡例〉與賦作收錄表」〔註26〕，分別就「志書〈藝文志〉與賦作收錄準則」、「志書〈凡例〉與賦作收錄準則」論述之：

一、〈藝文志〉收錄賦作準則

　　清代臺灣方志〈藝文志〉爲收錄藝文的官方機構，直接影響志賦之書寫與流傳，然而方志〈藝文志〉仍有少數並未收錄志賦。如：康熙二十五年（1686）《康熙福建通志臺灣府》、《臺灣府志》，康熙五十六年（1717）《諸羅縣志》、道光十二年（1832）之後出版的《澎湖續編》、道光十四年（1834）《淡水廳志稿》、道光十六年（1836）《彰化縣志》、同治十年（1871）《淡水廳志》、光緒二十年（1894）《鳳山縣采訪冊》等八本志書。此八例又可歸納爲「未設有〈藝文志〉，亦未收錄賦作」與「設有〈藝文志〉，未收錄賦作」：

（一）未設〈藝文志〉，未收錄賦作

　　康熙二十五年（1686）《臺灣府志》、《康熙福建通志臺灣府》，爲臺灣修志事業第一批完成之方志，福建志局以「大之忠臣孝子、名宦列女之必詳道存鼓勵；小之藝文方技、名勝物產之必登識資博採」〔註27〕作爲纂志原則，彼時首任宦臺官員，草創邑治，一方面謹守不錄己作原則，二方面不錄前明沈光文著作，博採無文，故未設〈藝文志〉。

（二）設有〈藝文志〉，未收錄賦作

　　康熙五十六年（1717）《諸羅縣志》〈凡例〉云「古人書志以論述舊章，經緯當世。邑治，海外新造，徵獻考文，百無一有。……藝文之選，所重在文。古人一語不合，棄不入選，蓋其愼也。若功德碑記、上下文移，敗炙殘

〔註26〕「清代臺灣方志〈凡例〉與賦作收錄表」，詳見本書「附表一」，頁301。
〔註27〕按：有關「第二節　志書〈凡例〉、〈藝文志〉與賦作收錄準則」中引述志書〈凡例〉對〈藝文志〉收錄準則之討論，其出處統一標示於「附表一」中之引文後，以免兩處重複標識之繁瑣。詳見本書「附表一」，頁301。

羹，一概濫充樽俎，觀者氣塞矣。」〔註 28〕顯示選文極其慎重，所謂「一語不合、棄之不選」，但不知標準何在？因為志書主修周鍾瑄、編纂陳夢林、李欽文、編次林中桂等人之詩文俱在志中，唯無賦作。

　　道光十二年（1832）後刊刻的《澎湖續編・藝文紀》，生員蔡廷蘭〔註 29〕云：「詩才罕覯，賦手尤難。……向來勉亭所輯，只有周于仁〈觀海〉、〈文石〉二賦，已登舊志。」蔡氏以為已登舊志者，不必重錄，加上佳賦難得，故未收賦賦目之下不錄。

　　道光十四年（1834）《淡水廳志稿》主編為開臺進士鄭用錫〔註 30〕，鄭氏以進士出身，竟未收錄任何己作，僅錄官員碑記三篇〔註 31〕，可見鄭氏謹守方志即治書之體例，記載記錄淡水廳城、書院文廟之沿革。在不錄己作的原則下，遑論其他〔註 32〕。

　　同治十年（1871）《淡水廳志》在《淡水廳志稿》的基礎上進行纂修，由〈凡例〉中云：「淡廳人文初啟，著述難立專志；舊稿所載之文，亦資考證，未可以不合志例而廢之。今依章氏學誠《文史通義》之論，列為『文徵』。」〔註 33〕《淡水廳志》所收之作品數量遠較《淡水廳志稿》為多，〈藝文志〉改為〈附錄・文徵〉，亦未收錄賦篇。

　　道光十六年（1836）《彰化縣志》〈凡例〉以「因時立政，因地制宜」為修志原則，故其〈藝文志〉有「奏疏、札檄、書、議、序、告示、引、文、說、紀、記、詩」等目，顯然以「志書」即「治書」為收錄準則，可惜無賦。

　　光緒二十年（1894）《鳳山縣采訪冊・藝文志》，在「文藝雜著，宜廣其搜羅也。大而輔經翼史，闡道明德尚矣。」的選錄標準下，有「匾額、碑碣、兵事、七言律詩、五言律詩、古體詩、五言絕句、七言絕句」等目，卻無賦

〔註 28〕〔清〕周鍾瑄主修，〈凡例〉，《諸羅縣志》（臺北：文建會，2005 年 6 月），頁31。

〔註 29〕〔清〕蔡廷蘭（1801～1859），澎湖人，道光二十四年（1844）進士，人稱「開澎進士」。

〔註 30〕〔清〕鄭用錫（1788～1858），竹塹人，道光三年（1823）考取進士，成為「開臺黃甲」。

〔註 31〕閩浙總督楊廷璋〈明志書院碑記〉、淡水同知吳性誠〈捐建淡水學文廟碑記〉、臺灣府知府鄧傳安〈捐造淡廳城碑記〉。

〔註 32〕但鄭氏於〈風俗〉類中下收番曲三首，雖不歸於〈藝文〉一類，卻可看出主編對當地風俗之看重。

〔註 33〕〔清〕陳培桂主修，〈凡例〉，《淡水廳志》（臺北：文建會，2006 年 6 月），頁33。

目。由「廣其搜羅」可知，編者不主張收錄己作，又乾隆二十九年（1764）鳳邑人士卓肇昌參閱《重修鳳山縣志》，收錄己賦六篇，但《鳳山縣采訪冊》卻未收錄任何賦作，由於該志「完稿彙編後，隔年臺灣割讓日本，通志總局未據以修志，便因官員內渡而裁撤，采訪冊遂以抄本形式流傳」，〔註34〕但確實已完稿。鳳邑設縣較早，文風鼎盛，采訪冊著重採訪，搜採缺逸之下，為何無賦可錄？在缺乏文獻的前提下，僅能暫先存疑。

二、〈凡例〉收錄賦作準則

志書〈凡例〉與賦作收錄準則間之關係，可分為「收錄己作與反對收錄己作」兩端論述：

（一）收錄己作與反對收錄己作

清代臺灣志賦由地方官員掛名主修，初期志書〈藝文志〉在草創的情況下，廣泛搜羅亦難以成編，因此主修或參與修志者，經常為志書而作賦。〔註35〕如此，於公「宣上德而達下情」，呈顯一地文風；於私則賦作將可隨志書流傳後世，呈顯個人才學。又志書之纂修，需有地方人士協助，故臺籍賦家於修志之時收錄己作，可提高家族之社會地位及影響力〔註36〕。纂志者藉此收錄己作，或許有可議之處，然而「收錄己作」確實成為兩百多年來臺灣志賦保存的主要之手法，詳見下表：

康熙三十五年（1696）《臺灣府志》

身分	籍貫	作者	賦作
福建分巡臺廈道兼理學政、纂輯《臺灣府志》	陝西	高拱乾	〈臺灣賦〉

〔註34〕詹雅能，〈點校說明〉，〔清〕盧德嘉纂輯，《鳳山縣采訪冊》（臺北：文建會，2007年12月），頁14。

〔註35〕游適宏以為：清初三篇〈臺灣賦〉「所以能夠登於邑志，背後實有著高度的『人為因素』」，詳見：游適宏，〈地理想像與臺灣認同：清代三篇〈臺灣賦〉的考察〉，許俊雅主編，《講座FORMOSA：台灣古典文學評論合集》（臺北：萬卷樓圖書，2004年6月），頁170。

〔註36〕戴思哲，〈談萬曆《新昌縣誌》編纂者的私人目的〉，上海圖書館編，《中華譜牒研究——邁入新世紀中國族譜國際學術研討會論文集》，（上海市：上海科學技術文獻出版社，2000年），頁156～162。

康熙五十九年（1720）《鳳山縣志》

身分	籍貫	作者	賦作
編纂《鳳山縣志》	臺灣	李欽文	〈紅毛城賦〉

乾隆八年（1743）《澎湖志略》

身分	籍貫	作者	賦作
澎湖通判、纂輯《澎湖志略》	四川	周于仁	〈觀海賦〉、〈文石賦〉

乾隆十七年（1752）《重修臺灣縣志》

身分	籍貫	作者	賦作
編纂《重修臺灣縣志》	臺灣	陳輝	〈臺海賦〉
總輯《重修臺灣縣志》	福建	王必昌	〈臺灣賦〉、〈澎湖賦〉

乾隆二十九年（1764）《重修鳳山縣志》

身分	籍貫	作者	賦作
參閱《重修鳳山縣志》	臺灣	卓肇昌	〈臺灣形勝賦〉、〈鼓山賦〉、〈鳳山賦〉、〈三山賦〉、〈龍目井泉賦〉、〈莿桐花賦〉。
總輯《重修臺灣縣志》	臺灣	林夢麟	〈臺灣形勝賦〉

咸豐二年（1852）《噶瑪蘭廳志》

身分	籍貫	作者	賦作
彙校《噶瑪蘭廳志》	臺灣	黃學海	〈龜山賦〉
續輯《噶瑪蘭廳志》	臺灣	李祺生	〈龜山賦〉

光緒二十年（1894）

身分	籍貫	作者	賦作
纂輯《恒春縣志》	浙江	屠繼善	〈遊瑯嶠賦〉
校定《恒春縣志》	廣東	康作銘	〈瑯嶠民番風俗賦〉

　　清代臺灣方志共收錄27篇賦作，「收錄己作」即占了18篇，其中臺籍賦家6位、收賦11篇。可見「收錄己作」爲清代臺灣志賦保存最重要的方式，尤其對臺籍賦作之保存與流傳更是如此。

1. 收錄己作、同仁賦作之理由

　　〈凡例〉爲志書編纂原則，雖然未必所有臺志均就〈藝文志〉收錄己作、同仁賦作之原則，提出說明。但以下有「廣博詳細」、「縣令見聞」之二例收錄原則，可以作爲〈藝文志〉收錄原則的參考：

（1）「廣博詳細」之收錄原則

　　康熙三十五年（1696）高拱乾以「福建分巡臺廈道兼理學政」，臺灣地方最高長官的身分纂修《臺灣府志》，並首開臺灣方志〈藝文志〉之例，於「賦」目之下收錄林謙光與高拱乾兩篇〈臺灣賦〉，高氏〈臺灣賦〉內文集「治者、修志與賦家」於一身。高氏於《臺灣府志‧凡例》中云：「志載藝文，務關治理，……今惟先集所見，上自宸章，下逮新詠；後有作者，當俟之踵事增華。」提出「文學與治理」的關係〔註37〕，以及「上自宸章，下逮新詠」的廣博收錄原則，最先爲「收錄己作」立下論述之依據。後繼者有康熙五十九年（1720）《鳳山縣志‧凡例》：「藝文，最宜愼選。……文之有係於風教，而又採其新篇，略加次第而登載之。」臺籍作者李欽文因編纂《鳳山縣志》，將己作〈紅毛城賦〉收錄其中。在志書即治書的理解下，李氏何以能躋身宦臺官員作品之中？〈紅毛城賦〉中含有「鄭逆、王師與聖世」之敘事模式〔註38〕，符合《鳳山縣志‧凡例》中所云「風教、新篇」之收錄原則。

　　乾隆十七年（1752）《重修臺灣縣志‧凡例》中云：「藝文，標其書目與卷帙之多寡，倣班固《漢書》也。……凡志，略斯遺，詳或疑濫。然志臺灣，與其略也寧詳。」主修王必昌以班固於《漢書‧敘傳》中自錄〈幽通賦〉、〈答賓戲〉爲例，加上「志臺灣，與其略也寧詳」的原則，亦爲「收錄己作」設下論述的基礎。〔註39〕既有前例，必有來者，乾隆二十九年（1764）《重修鳳

〔註37〕有關「文學與治理」的論點，將於「第四章　以賦佐治——清代臺灣賦『鄭逆與王師』之敘事模式研究」中「開創『鄭逆、王師與聖世』的書寫模式——高拱乾〈臺灣賦〉」中論述之。

〔註38〕詳見於「第四章　以賦佐治——清代臺灣賦『鄭逆與王師』之敘事模式研究」中第三節「臺籍賦家對『鄭逆與王師』說之運用。

〔註39〕以「廣博的收錄原則」作爲收錄「同仁（己作）」賦篇之理論基礎者，還有光緒二十年（1894）《恒春縣志》主編屠繼善亦以「志則無論大小鉅細，悉賅無

山縣志》收錄己作，更多達 7 篇。

（2）「縣令見聞」之收錄原則

乾隆八年（1743）《澎湖志略・凡例》中云「余承乏茲土，即欲集成一冊，為一方考據；……爰就余見聞所及，纂輯成帙，名曰《志略》。」周于仁身兼澎湖通判與志書主編，故以「承乏茲土」與修志意在「一方考據」，故將見聞所及纂輯成書，有捨我其誰之意，故理直氣壯地收錄己作〈觀海賦〉與〈文石賦〉兩篇賦作。

2. 反對收錄己作、同仁賦作

清初「治臺灣難，志臺灣尤難」〔註40〕，即使博採搜逸，〈藝文志〉仍寥寥可數，難以成編，此為前述志書〈凡例〉中為收錄己作預設論述的主因。但隨著本土士子崛起，文學日盛，「反對收錄己作」的觀點，於咸豐二年（1852）《噶瑪蘭廳志・凡例》終於被提出：

> 長洲沈氏選《今詩別裁》，用前例不錄現人詩，近日修《臺邑志》者
> 仿而刪之，誠不為無見。獨蘭陽一廳，徵文考獻，時事為多，舉凡
> 籌議章程、標題名勝，其政舉者，其人猶存，若緣是而弗登，則門
> 目之缺漏滋甚。因考歷來志體，原與選家不同，且有自收己作，如
> 《諸羅志》之載陳少林詩、《臺邑志》之編王后山賦，其源出於兩漢，
> 又不獨為唐《國秀集》所濫觴也。故是編於「附考」及「紀文」諸
> 條，初終仍用志例。〔註41〕

陳淑均認為志書〈藝文志〉應「不錄現人詩」，反對於志書中收錄同時期文人（包含修志同仁）之作。然而陳淑均同時亦認為，噶瑪蘭設廳較晚，許多籌議章程、標題名勝、述寫碑記之作者，仍屬同時期文人，若按此標盡去其作，則《噶瑪蘭廳志》勢必無法成書。加上「收錄己作」源自漢代，唐人沿襲，因此《噶瑪蘭廳志》採取折中的作法，以「附考」及「紀文」的方式編入。是故參與彙校、續輯志書的黃學海、李祺生二人之〈龜山賦〉，因此得以保留。雖然《噶瑪蘭廳志》最終還是收錄「現人／同仁（己作）」賦篇，但至少由《噶瑪蘭廳志・凡例》可知，「不錄己作」的觀點，已被晚清修志者所注意。

遺」，作為收錄己作〈遊瑯嶠賦〉、康作銘〈瑯嶠民番風俗賦〉之理論基礎。
〔註40〕 〔清〕清華，〈續修臺灣縣志序〉，〔清〕謝金鑾、鄭兼才總纂，《續修臺灣縣志》（臺北：文建會，2007 年 6 月），頁 25。
〔註41〕 〔清〕陳淑均總纂，《噶瑪蘭廳志》（臺北：文建會，2006 年 6 月），頁 37。

（二）「以賦佐志」之收錄準則

乾隆六年（1741）《重修福建臺灣府志》提出「藝文佐志乘所不逮」〔註42〕，類同袁枚「賦代志乘」之說。志書編纂的主要目的之一，在於協助新上任官員儘快理解本地風土、文教，在志書即治書的理解下，藝文不免有佐志的功能：

> 雜文、詩、賦必於風土有相關涉、文足傳世者，始為採入；非是，雖有鴻儒著述，不登焉。〔註43〕

> 藝文，最宜慎選。……文之有係於風教，而又採其新篇，略加次第而登載之。〔註44〕

> 藝文一門，鉅製鴻章雖堪千古，必其有關於澎湖者，方為採入。〔註45〕

> 志書之作，所以紀其地之山川、人物，使後人有藉以考稽；……史之所重者在時事，志之所重者在地產【山川、疆域為地，人與物皆為產】。〔註46〕

在與風土、地域、山川、人物等相關的前提下，康熙五十九年（1720）《臺灣縣志》收錄高拱乾〈臺灣賦〉賦一篇，同年《鳳山縣志》收錄高氏〈臺灣賦〉、李欽文〈紅毛城賦〉賦兩篇。乾隆三十六年（1771）《澎湖紀略》、光緒二十年（1894）《澎湖廳志》，分別收錄周于仁〈觀海賦〉、〈文石賦〉兩篇。嘉慶十二年（1807）《續修臺灣縣志》，共收錄周澎〈平南賦〉、林謙光〈臺灣賦〉、高拱乾〈臺灣賦〉、張湄〈海吼賦〉、李欽文〈赤嵌城賦〉、張從政〈臺山賦〉、陳輝〈臺海賦〉、王必昌〈臺灣賦〉、〈澎湖賦〉賦作共九篇。

（三）「保留文獻」之收錄準則

乾隆十二年（1747）《重修臺灣府志·凡例》云：

〔註42〕〔清〕劉良璧纂輯，〈凡例〉，《重修福建臺灣府志》（上）（臺北：文建會，2005年6月），頁70。按：在此「以賦佐志」的原則下，《重修福建臺灣府志》賦作收錄有：①以平臺史為主的周澎〈平南賦〉，②兼及政教的高拱乾〈臺灣賦〉，③著重教化的林謙光〈臺灣賦〉。

〔註43〕〔清〕王禮主修，〈凡例〉，《臺灣縣志》（臺北：文建會，2005年6月），頁35。

〔註44〕〔清〕李丕煜主修，〈凡例〉，《鳳山縣志》（臺北：文建會，2005年6月），頁40。

〔註45〕〔清〕胡建偉纂輯，《澎湖紀略》（臺北：文建會，2004年12月），頁36。

〔註46〕〔清〕謝金鑾、鄭兼才總纂，《續修臺灣縣志》（臺北：文建會，2007年6月）。頁36。

臺郡初闢，中土士大夫至止者，類各有著述以紀異，然多散在四方，
島嶼固鮮藏書之府也。范侍御奉命巡方，……諸集，按藉搜索，並
得全書。惟《沈文開集》，向時寓臺諸公所艷稱而未得見者，亦輾轉
覓諸其後人。凡得詩文雜作鈔本九卷，半皆蠹爛；但字跡猶可辨識，
既不忍沒前人之苦心，故所微引較前志尤多。……以存海外之文章，
令後來有據耳。〔註47〕

「以存海外之文章，令後來有據」的觀點，收錄前人遺作。季麒光〈客問〉【六
條】、沈光文〈平臺灣序〉在此原則下，以駢文而非賦作收錄。本書第二章已
論證《蓉洲》版〈客問〉屬「七」體賦類，又〈客問〉確曾參考沈光文〈平
臺灣序〉(〈臺灣賦〉)中之部分段落文句。因此乾隆十二年（1747）《重修臺
灣府志・藝文志》收錄季、沈二人之賦作，雖為殘缺，但《重修臺灣府志》
確實符合「存海外之文章，令後來有據」的觀點。乾隆三十九年（1774）《續
修臺灣府志・凡例》承襲乾隆十二年（1747）《重修臺灣府志・凡例》的說法
〔註48〕，二志收錄賦作相同篇章的部分有：林謙光〈臺灣賦〉、季麒光〈客問〉
【六條】、沈光文〈平臺灣序〉。新增的部分有：周澎〈平南賦〉、高拱乾〈臺
灣賦〉、王必昌〈臺灣賦〉、張從政〈臺山賦〉、陳輝〈臺海賦〉、張湄〈海吼
賦〉。

第三節　以賦佐志之書寫特色

　　由志書〈凡例〉、〈藝文志〉與賦作收錄準則，可知志賦既隨書呈送天子，
必非隨興之作，而有特定的書寫目的。地志以方物為要，重在真實描述，恰
好與賦「體物」功用契合，如此「賦代志乘」也就有了淵源與現實的雙重意
義。〔註49〕一般志書，卷首有〈封域志〉「星野、沿革、建置、疆界、形勝、
山川」，卷中有〈風土志〉「氣侯、風俗、土產」，此皆多為臺灣志賦之書寫主
題，詳見下表：

〔註47〕〔清〕范咸纂輯，〈凡例〉，《重修臺灣府志》，頁55。
〔註48〕詳參：〈附表〉，頁282，284。
〔註49〕許結，〈論賦的地理情懷與方志價值〉，《賦體文學的文化闡釋》（北京：中華
　　　　書局，2005年9月），頁143。

志賦「段落排比」與志書「分卷類目」表

作者	篇名	星野	沿革	建置	疆界	形勝	山川	海道	風俗	物產
林謙光	臺灣賦	×	√	×	√	√	×	×	√	×
高拱乾	臺灣賦	×	√	×	×	×	×	√	×	√
周澎	平南賦	×	√	×	×	×	×	×	×	×
李欽文	紅毛城賦	√	√	×	×	×	×	×	×	×
李欽文	赤嵌城賦	√	√	×	×	×	×	×	×	×
周于仁	觀海賦	×	×	×	×	×	×	√	×	×
周于仁	文石賦	×	×	×	×	×	×	×	×	√
張從政	臺山賦	×	×	×	√	√	√	×	×	×
張湄	海吼賦	×	×	×	×	×	×	√	×	×
陳輝	臺海賦	×	×	×	×	√	×	√	×	×
王必昌	臺灣賦	×	√	×	×	√	√	×	√	√
王必昌	澎湖賦	×	×	×	√	×	×	×	×	√
朱仕玠	夾竹桃賦	×	×	×	×	×	×	×	×	√
林萃岡	秋牡丹賦	×	×	×	×	×	×	×	×	√
卓肇昌	臺灣形勝賦	√	√	×	×	√	√	×	×	×
卓肇昌	鼓山賦	×	×	×	×	×	√	×	×	×
卓肇昌	鳳山賦	×	×	×	×	×	√	×	×	×
卓肇昌	三山賦	×	×	×	×	×	√	×	×	×
卓肇昌	龍目井泉賦	×	×	×	×	×	√	×	×	×
卓肇昌	莿桐花賦	×	×	×	×	×	×	×	×	√
林夢麟	臺灣形勝賦	√	√	×	×	×	×	×	×	×
陳洪圭	秀峰塔賦	×	×	√	×	×	×	×	×	×
黃學海	龜山賦	×	×	×	×	√	×	×	×	×
李祺生	龜山賦	×	×	×	×	√	×	×	×	×
屠繼善	遊瑯嶠賦	×	×	×	×	×	×	×	√	×
鍾天佑	庚寅恆春考義塾賦	×	×	×	×	×	×	×	√	×
康作銘	瑯嶠民番風俗賦	×	√	×	×	×	×	×	√	√

　　康熙二十六年（1687）林謙光抵臺任職府學教授，所作〈臺灣賦〉為第一篇刊刻於清代臺灣方志之賦作，在大一統思維下，以「皇帝之輿圖」〔註50〕作為書寫視角，較全祖望（1795～1755）〈皇輿圖賦〉早了一百多年。一般而言，志賦內容模擬志書類別之多寡，與主題有關。若書寫主題為「地域」，則多以段落排比的手法，摹寫志書分卷類目，為輿地風光增色。如〈臺灣賦〉、〈臺灣形勝賦〉、〈瑯嶠民番風俗賦〉、〈澎湖賦〉等，多包含一地之沿革、形勝、風俗、物產等，此類賦作與歷代地理賦、都邑賦之「地理情懷與方志價值」〔註51〕接近。亦有書寫方志物產者，如〈义石賦〉、〈夾竹桃賦〉、〈秋牡丹賦〉等。由於「方志與鋪陳大賦的編寫方法均以『類』的形式，形成特有結構。」〔註52〕因此書寫地域者，較能呈顯「類」的形式。

　　方志收錄以「臺灣」為主題的五篇賦作中，以王必昌〈臺灣賦〉最具代表性。此賦以「類」的形式，呈現「排比」特質，此或許與王必昌主編《重修臺灣縣志》有關，故以「以賦代序」析論王必昌〈臺灣賦〉。由於歷代地理賦，作者多以賦筆表達對家鄉的情懷，臺籍賦家中卓肇昌〈臺灣形勝賦〉以自注形式描述家鄉風情；屠繼善以主編的身分，寫〈遊瑯嶠賦〉取代《恒春縣志‧風俗》，具有「賦佐志乘」特色。清代臺灣志賦所代表之官方書寫，橫跨兩百餘年，勢必影響私人志賦之書寫，如章甫〈臺陽形勝賦〉、施瓊芳〈蔗車賦〉為例。以下分別就「以賦代序——王必昌〈臺灣賦〉」、「自注形式——卓肇昌〈臺灣形勝賦〉」、「以賦代志——屠繼善〈遊瑯嶠賦〉」、「從官方志賦到私人賦」等四方面論述「臺灣志賦」之書寫特色。

一、以賦代序——王必昌〈臺灣賦〉

　　王必昌（1704～1788），福建德化人，乾隆十年（1745）進士，乾隆十六年（1751）受臺灣知縣魯鼎梅之邀，來臺協助總輯《重修臺灣縣志》。嘉慶年間徐松完成《新疆志略》、《新斠注地理志集釋》等大量史地專著，同時撰寫含自注多達兩萬餘字的〈新疆賦〉，王必昌〈臺灣賦〉亦寫於修志之時。臺灣

〔註50〕〔清〕林謙光，〈臺灣賦〉：「知今皇帝之輿圖乎？制萬國以侯尉，垂一統於車書。」《全臺賦校訂》，頁2。

〔註51〕許結，〈論賦的地理情懷與方志價值〉，《賦體文學的文化闡釋》（北京：中華書局，2005年9月），頁139～158。

〔註52〕許結，〈論賦的地理情懷與方志價值〉，《賦體文學的文化闡釋》（北京：中華書局，2005年9月），頁145。

志賦以「地域」為主題者，包含有〈封域志〉「星野、沿革、建置、疆界、形勝、山川」，以及〈風土志〉「氣侯、風俗、土產」等。今將王氏〈臺灣賦〉比對所主修之《重修臺灣縣志》分類，除含有〈封域志〉及〈風土志〉外，還包含有〈人物志〉中「治行、列女、僑寓」，為清代四篇「臺灣」主題之賦作中，最具志書「分卷類目」的形式，呈現「排比」特質。詳見下表：

王必昌〈臺灣賦〉「段落內容」與《重修臺灣縣志》「分卷類目」表

卷一・疆域志	形勝		緬瀛海於鴻濛，環九州而莫窮。覽形勝於臺郡，乃屹立乎海中。……〔註53〕
	沿革		溯夫天造草昧，遐裔荒墟。……迨有明之宣德，遣中官以乘桴。……曾一本……，林道乾……。繼以思齊……，荷蘭……。泊乎鄭氏，……。維我仁廟……，克埞……。遂按圖而設版，……。
卷二・山水志	山		其山則祖龍省會，五虎門東。……雞嶼，……龜嶼。……大武，木崗……。……玉山，……。數六六之群島，盼九九之危巔。非人跡所能遍，亦《山經》所未鐫。
	水		其水則原泉百派，自東徂西：九十九道之溜，二十八重之溪。……大甲、大安、大肚之深廣，蚊港、笨港、東港之洄漩。海翁窟……，虎尾溪……。皆紀載之所未曾編。
卷十二・風土志	土產	羽之屬	……有鵝而無鶴，山有豹而無虎。……畫眉鸚鵒；……翟雉，……鳩……，雞……。
		毛之屬	麈鹿……，麋鹿……。暨山馬與野牛，……。
		蟲之屬	蟬……，燕……。蜥蜴……，鸚哥……；蛩……。
		鱗介之屬	則鰡烏鯉紅，鱄紫鯝白。青鱏投火，烏鰂噴墨。錦魴花鮯，……。香螺花蛤，鬼蠏虎鯊。白鰮塗鮏，麻虱龍蝦。
		木之屬	楠筍……，蕭朗……。至若山荔埔柿，土杉水松。赤鱗黃目，交標九芎。番樹白樹……。猴栗象齒……。鐵樹……，仙枝……。
		竹之屬	竹凡數種，莿竹…石竹…箭竹…麻竹…琴竹…。
		花之屬	荷…，菊…。桐……，梅……。繡毬…，素馨…。貝葉…，曇花…。番茉莉…，七里香…。扶桑…，水仙…。水藤……。蘆…。
		草之屬	白麴…。薔草…，茜草…。羞草…，茗草…。

〔註53〕〔清〕王必昌，〈臺灣賦〉，簡宗梧、許俊雅主編，《全臺賦校訂》（臺南：國家臺灣文學館，2014年），頁42。按：為避免注解之繁瑣，本文凡引自《全臺賦校訂》者，逕將頁數標識於引文後，不再加註。

		果之屬	番檨…，西瓜…。牙蕉…，鳳梨…。菩提果、波羅蜜、釋迦果、金鈴橘。檳榔，……。椰子……。
卷十一‧人物志	治行		蔣集公（毓英）……，陳清端（璸）……，林荔山……，夏筠莊（之芳）：孫司馬……，袁司訓……。
	僑寓		沈文開（光文）……；李正青（蝶夢）……。
	列女		寧靖之閨室……，陳丑之傷親……。永華之女……，續順之配……。謝燦之妻……；方豎之婦，……。
風土志	風俗		載考番俗，約略可紀。罔識歲時，弗知甲子。以月圓為一月，以稻稔為一祀。僅有生名，從無姓氏。贅婿為嗣，隨婦行止。……傀儡生番，鮮食茹血：……近郭熟番，漸知禮制。……。
藉物渲染			伊昔吳越，當周之時。猶稱南夷。即在吾閩，值漢之世。亦屬荒裔。既歸版圖，遂號名都。……昌黎守潮，子厚守柳。風行草偃，何需遲久。如彼瓊州，亦在島上。文莊、忠介，後先相望。苟氣習之不拘，豈人地之可量？
風土志	氣候		其地時震，而海常吼。……，海深而幽。其需其吼，蓋陽氣不舒，陰氣有餘之所由。
篇末			謹就見聞，按圖記。輯俚詞，資多識。愧研練之無才，兼採摭之未備。聊敷陳夫土風，用附登於邑志。（〈臺灣賦〉，《全臺賦校訂》，頁42～47）

除了王必昌之外，主編志書又同時作〈臺灣賦〉者，還有主修《臺灣府志》與創作〈臺灣賦〉的高拱乾。巡臺御史黃叔璥評論高拱乾〈臺灣賦〉為：「率藉中土景物渲染，似不足以形容。」〔註54〕意指高拱乾〈臺灣賦〉有「藉中土景物、渲染情懷」之意，與王必昌〈臺灣賦〉仿志書之分卷類目，有極大的差異。上表所列王氏〈臺灣賦〉各段符合所主修之《重修臺灣縣志》分類，唯有「藉物渲染」類借自黃叔璥之語。王氏〈臺灣賦〉全賦共2615字，僅有不足百字之「藉物渲染」與主修之《重修臺灣縣志》分卷類目無關。兩相比較，凸顯王氏〈臺灣賦〉具有仿志書分卷類目之敘寫特質。

根據《重修臺灣縣志‧點校說明》：「乾隆十七年（1752）二月設館於府學明倫堂，展開修志工作，該年本志即完成付刻梓印。」〔註55〕由於府學明

〔註54〕〔清〕黃叔璥，《臺海使槎錄》《清代巡臺御史巡臺文獻》（北京：九州出版社，2009年12月），頁268。

〔註55〕〔清〕王必昌總輯，《重修臺灣縣志》（上），頁14。

倫堂典藏有康熙二十五年（1686）以來之臺灣方志，《重修臺灣縣志》志局設置於明倫堂，便利參酌前人修志資料，當能短期完成修志工作。王必昌於乾隆十六年（1751）來臺，之前未曾有臺灣經驗，能於乾隆十七年（1752）二月設志局，同年即完成付刻梓印，並寫出與《重修臺灣縣志》「分卷類目」類似的賦作，正如袁枚所言：「今志書類書，美矣備矣，使班、左生於今日，再作此賦，不過採擷數日，立可成篇。」可見乾隆年間臺灣志賦作者，已不需如沈光文二十餘年實地踏察的過程，亦可立撰成篇。王氏〈臺灣賦〉末段說明修志之過程：「謹就見聞，按圖記，輯俚詞，資多識。……聚敷陳夫土風，用附登於邑志。」所作〈臺灣賦〉儼然為《重修臺灣縣志》之序文，乃清代臺灣方志中「以賦代序」之創作典型。

二、以賦佐志──卓肇昌〈臺灣形勝賦〉

志書文字不如真實的影像，為使讀者能有身歷其境之感，在不影響行文順暢的原則下，往往有「自注」之形式，如乾隆二十九年（1764）《重修鳳山縣志·輿地志·山川》：

> 縣治諸山，自東北綿亙而來，勢皆西南向。大烏山高聳特起，為縣
>
> 治少祖【北界嘉祥里，西南界觀音山里，諸山發脈於此】。〔註56〕

「賦」著重文采，巧於對仗與用典，具有學殖淵深、古雅醇厚等特質。六朝以來地理賦為彌補賦體敘事的侷限，賦作中有以分句注釋之自注形式，使讀者能理解賦體敘事的內容。乾隆二十九年（1764）《重修鳳山縣志·藝文志》錄有卓肇昌（？～？）〔註57〕兩篇「自注形式」之賦篇，分別是〈臺灣形勝賦〉（含注 1378 字）、〈鼓山賦〉（含注 808 字）。前修未密後出轉精，乾隆四十年（1775）褚邦慶的〈常州賦〉，含自注文字多達十三萬字之多。嘉慶年間徐松謫戍伊犁完成含自注達兩萬餘字的〈新疆賦〉，其注釋往往數倍於正文，又具有賦家之獨特觀點，可補地方志之不足。卓肇昌〈臺灣形勝賦〉揉合：志賦以「類」的形式，呈現「排比」特質；又以「化日普照，聖澤無涯」限韻，呈現律賦特質。

臺灣地形本為多山之島，故卓氏〈臺灣形勝賦〉，全賦之結構與《重修鳳

〔註56〕〔清〕王瑛曾編纂，《重修鳳山縣志》（上）（臺北市：文建會，2006 年 6 月），頁 66。

〔註57〕卓肇昌（？～？）字思克，臺灣鳳山人。乾隆 5 年（1740）拔貢，15 年（1750）舉人，官揀選知縣，不赴。

山縣志・興地志》「星野→建置沿革→疆界【附形勝】→山川」〔註58〕雷同。形勝敘事先以府城爲中心，次寫鳳邑（鳳山）、諸邑（諸羅）、彰化、澎湖諸島，依次展開。

（一）沿革

雖有志書，然非熟識臺灣史實者，驟見「荷蘭一皮，曾揮金而請借」則難以得知其因，卓氏於文句後注曰【荷蘭借一牛皮之地，千金與之】，如此則一目了然。又「紅毛樓畔【紅毛樓，荷蘭築】，千摘蟾根」，（〈臺灣形勝賦〉，《全臺賦校訂》，頁57）以注文的形式將荷人築紅毛城附之於後，既不影響行文對句，又能使讀者同時得知荷人治臺建城一事。

（二）俗說

俗說野史，「官方」志書多將「俗說」等野史，歸入「雜記」或「附錄」中，其實是當地居民最爲津津樂道之集體記憶。〈臺灣形勝賦〉先模擬〈興地志・星野〉的書寫模式破題，賦文後自注一則傳說：

> 郡號臺灣，古傳昆舍：星分牛、斗之墟，地當閩、越之跨。東南片石，早望氣而占祥【鳳山有石，忽自開。讖曰：「東南一片石，五百年後千萬人居之」。】；（《全臺賦校訂》，頁57）〔註59〕

早在一片蒼茫的蠻荒世界，已有善望氣者占祥：五百年後鳳邑（今鳳山）將爲大城。臺灣漢化至今，未滿五百年，鳳山已經成長爲百萬人口之城市，姑且不論此傳說眞假爲何？對於乾隆年間當地人而言，「小邑」未來將成爲「大城」的祥占之詞，給了居民對未來美好的想像。類似前述石洞仙境之傳說尚有：

> 懷橘騷人，尋芳洞蹟【岡山石洞，古橘一株，石室奇幻。樵者拾橘以歸，再往，不知其處】。（《全臺賦校訂》頁58）

前述「占祥／仙境」之傳說堪稱野史，然而卓氏所注之另一則傳說爲明末最早遁逃來臺的海盜林道乾，林道乾的傳說大量被臺灣方志所記載：

> 則有拾金樵者，迷路鼓山【鼓山有埋金處，樵者嘗拾得，迷路忘歸】；……（《全臺賦校訂》頁58）

> 林道乾負嵎遁跡，斬棘披榛【明都督俞大猷追海寇，林道乾遁居此

〔註58〕〔清〕王瑛曾編纂，《重修鳳山縣志》（上）（臺北市：文建會，2006年6月），頁17。

〔註59〕按：卓肇昌〈臺灣形勝賦〉於賦文後自注，以【】標識。

山】。〔註60〕……攜金妹子，湘蝙萬斛埋塵【林道乾妹埋金此山，傳
有樵者遇異人指埋金處，攜歸，迷路】。(〈鼓山賦〉，《全臺賦校訂》，
頁 62)

「林道乾妹埋金」說，志書引陳小厓《外紀》云「道乾有妹埋金山上」〔註61〕，
埋金地點即在鳳邑鼓山。卓氏〈鼓山賦〉亦有「樵者遇異人指金，攜歸迷路」
的情節〔註62〕。此情節與仙境小說中主角經常是「獵人、樵夫、採藥」，進入
「山林」後往往遇見「仙女／異人」歷經「患難」後「得福」的敘述結構類
似。

卓肇昌自注、補充「鳳山占祥／岡山仙洞／鼓山埋金」等傳說，往往賦
予當地更加美好的想像，其實卓氏本身就是一個充滿傳說的人物〔註63〕。又
卓氏參與纂修之《重修鳳山縣志》，僅卓氏一人竟自錄六篇賦作，終清之世，
無人能及，足見卓肇昌當時之文學素養與地方聲望，均備受肯定。

(三) 勝景

望澄臺兮八埏【澄臺觀海，郡八景一】，……斐亭窗竹夜濤【斐亭聽
濤，郡八景〔註64〕一】，(〈臺灣形勝賦〉，《全臺賦校訂》，頁 57)

〔註60〕「明嘉靖四十二年，海寇林道乾掠近海郡縣，都督俞大猷征之，追至澎湖，
道乾遁入臺灣。」詳見：〔清〕穆彰阿奉敕修，《清一統志臺灣府·建置沿革》，
(臺北：文建會，2007 年 6 月)，頁 44。其餘引述林道乾事蹟之志書，尚有：
《福建通志臺灣府·沿革》、《臺灣府志·封域志·沿革》、《重修臺灣府志·
封域志·沿革》……等。

〔註61〕「相傳：道乾有妹埋金山上，……【陳小厓《外紀》】」，詳見：〔清〕劉良璧
纂輯，〈雜記〉，《重修福建臺灣府志》(下)(臺北：文建會，2005 年 6 月)，
頁 649。

〔註62〕「明都督俞大猷討海寇林道乾，道乾遁入臺，艤舟打鼓港。相傳其妹埋金山
上，時有奇花異果，入山樵採者或見焉；若懷歸，則迷路不得出，疑有山靈
呵護。」〔清〕尹士俍纂修，《臺灣志略》，(臺北：文建會，2005 年 6 月)。

〔註63〕涂麗生、洪桂己，〈卓肇昌〉，《臺灣民間故事 (一)》(臺北：公論報社，1957
年)，頁 28～34。林曙光，〈庚午舉人卓肇昌的傳說〉，《打狗滄桑》(高雄：春
暉出版社，1985 年)，頁 137～146。按：綜合卓氏之傳說，約有：土地公看
牛、狃戲王船、鬼阻登進士、張天師相助、任梓官城隍等。

〔註64〕「八景」首次提出者，為康熙三十五年 (1696) 高拱乾《臺灣府志·外志·
古蹟》「安平晚渡、沙崑漁火、鹿耳春潮、雞籠積雪、東溟曉日、西嶼落霞、
澄臺觀海、斐亭聽濤」，後乾隆 6 年 (1741) 劉良璧《重修福建臺灣府志·疆
域·形勝》因行政區域重劃，故「安平晚渡、沙崑漁火」劃入臺灣縣六景，
並再增補「五層秀塔、四合仙梁」二景，合前六景仍為八景。卓氏〈臺灣形
勝賦〉「澄臺觀海、斐亭聽濤」為其中二景，其後繼之者有章甫〈臺陽形勝賦〉，

匯門供梵本之廟三【風匯門，近石塔】，古洞秘落伽之乘小【新闢石
洞，洞內墜石懸乳，嶙峋奇幻。寬可容三、四十人】。（〈鼓山賦〉，《全
臺賦校訂》，頁 62）

龍泉漸噴【山麓有龍目井，泉從石眼流出，噴珠激浪，極甘美，大
旱不涸】，雪浪三翻。（〈鼓山賦〉，《全臺賦校訂》，頁 63）

臺灣八景有不同景點與說法，「澄臺觀海、斐亭聽濤」為其中之二景，又志書
上之打鼓山，「在縣治西南七里。俗呼為『打狗山』。秀起海邊，勢若長蛇，
故又名『蛇山』。」〔註65〕志書之文字真實平易，志賦之文字鋪陳對仗，文句
後輔以自注說明，以利覽志者理解。總之、〈臺灣形勝賦〉因採律賦限韻方式，
字數上無法如〈常州賦〉、〈新疆賦〉等數萬字之大賦規模。又因收錄於官方
志書之故，賦家個人觀點的特質亦不彰顯。

三、以賦代志——屠繼善〈遊瑯嶠賦〉

「以賦代志」原為志書、類書尚未普及時，賦兼具之功能。袁枚認為左
思〈三都賦〉一出，洛陽為之紙貴的原因，在於該賦具有「帶著走」的志書
功能，故〈三都賦〉能「作志書、類書讀」。光緒二十年（1894）土編屠繼善，
以〈遊琅嶠賦〉全文取代《恒春縣志・風俗志》：

琅嶠一賦，原係操觚者不得已之作。蓋自開辦以來，民、番風俗情
形，屢請採訪，不嘗穎脫唇焦。及諸誌皆已脫藁，獨此竟無隻字。
又蒙總局憲迭札嚴催，冀欲早日呈送，故不揣謭陋，作以備體。賦
成，乃有謂應置之「藝文志」中，不應即以分門。然宋王十朋以會
稽風俗為賦、明李寒支志寧化風俗、山川、疆界等，分賦為志，皆
為海內著名之書，見重士林。恒係海外，豈不可以海內例耶？抑東
施雖醜，不准其效顰耶？今則剋期告成，勢不逮已。所望後之君子
續志其備，將此作芟而去之，無穢全書，是為遠禱。〔註66〕

屠氏以兩項理由說明〈遊琅嶠賦〉全文取代《恒春縣志・風俗志》的原因，

亦以「誰謂倚斐亭以聽濤，未銷邊瘴；登澄臺而觀海，迥異通都也哉。」（《全
臺賦校訂》，頁 83）稱頌此二景。

〔註65〕〔清〕余文儀主修，〈封域志・鳳山縣〉，《續修臺灣府志》（上）（臺北市：文
建會，2007 年 6 月）頁 104。

〔註66〕〔清〕屠繼善，〈遊琅嶠賦〉，〔清〕屠繼善纂修，《恒春縣志》（臺北：文建
會，2007 年 12 月），頁 171～2。

首先，修志事業「自開辦以來，民、番風俗情形，屢請採訪，不啻穎脫唇焦。及諸誌皆已脫藁，獨此竟無隻字。」可見屢請採訪卻無效果，以至於其他類別均已完稿，獨此〈風俗志〉「竟無隻字」，主編難以卸責，故自撰〈遊琅嶠賦〉以取代〈風俗志〉。其次，賦代志乘，宋代王十朋《會稽縣志·風俗志》、明人李寒支《寧化縣志》中〈風俗〉、〈山川〉、〈疆界〉等志，均以賦代志，前既有例，後可因循，故屠氏以為「以賦代志」，似無不可。

王志楣《恒春縣志·點校說明》云：「如風俗，雖有可述，然采訪不及，僅錄賦一首以充數；物產一門，未親采實物，卻廣引字書，至為失當。惟恒春建置迄修本志時，不逾二十年，而采訪時限僅一年耳，有此記錄亦屬難得。」〔註67〕由此可見當時修志之困難。〈遊琅嶠賦〉亦將撰志之困難詳述其中：

> 嘯雲居士，為若耶人。衣食名法，遊於恒春。主人捧檄，纂縣志書。延攬楮墨，物色於余。謂：「瑯嶠甫闢，志載無多，罄公費之百兩，願先生其始終，如何？」余乃逡循躊躇，自揣菲菲。意載乘之操觚，何敢率爾而冒不韙？況文獻之無徵，一謬誤而貽公誹！公曰：「無多，實則吾豈。」主人再三致意，以為地僻蠻疊，人鮮握管。幸弗以束帛之戔戔，竟慳乎其修纂。
>
> 余復翻然思，瞿然起。謂：「余雖不敏，何敢語是。本才、識、學三者之胥無，故不敢貿貿而伸紙。乃嘉會之難逢，姑承命而任使。」

（《全臺賦校訂》頁 245）

〈遊琅嶠賦〉全賦，以「主、客（嘯雲居士）」二者的問答為架構，「主人捧檄，纂縣志書。」「主」即指光緒十八年（1892）恒春知縣陳文緯，「客（嘯雲居士）」即為屠繼善，由賦之首段說明志書必須於限期完稿之困難與躊躇，賦體之難在於作者必須才學兼擅，當時恒春縣乃新闢之地，於無文獻可供徵詢的情況下，屠繼善以賦體隱喻自己兼擅才學，當可克服無文獻可徵的困難，此當為「以賦佐志」之例。

恒春縣多原住民族，賦家有採訪上安全的顧慮，因此以限期完稿、採訪不及的理由，寫〈遊琅嶠賦〉取代《恒春縣志·風俗志》。然而「風俗」畢竟是志書主要的類目，賦篇如何取代〈風俗志〉？如下列引文：

> 其民也，非粵則閩，性情敦篤。村落零星，牛車陸續。不事詩書，

〔註67〕〔清〕屠繼善纂修，《恒春縣志》（臺北：文建會，2007 年 12 月），頁 13〜4。

徒知畚捐。合癸女與丁男，皆辮髮而跣足。哂健婦之負重，若戴鰲而躑躅。祭祀則有清明、普度之儀，冠昏則惟酒、布、檳榔之屬。雖克儉，須文教之相勗。其番也，或平埔與高山，路灣灣而曲曲。袒裸成群，不知恥辱。女不紡織，男不菽粟。崇餉姑而崩厥角，剝獸皮而爲衫褥。竹圈撐耳，居然草澤之雄；雉尾盈頭，輝映洞房之燭。項貫珠紅，頂彌草綠。醃脯鹿豕，酩酊釃釀。病不就醫，惟神是告。葬不以棺，惟土是劇。（《全臺賦校訂》頁 246）

檢視〈遊琅嶠賦〉全文，言及風俗者，僅有此段。其餘各段以「沿革」、「建置」、「招撫」等內容充當之。然而此處之風俗，也僅是「番俗」，其「不事詩書、辮髮跣足」、「冠昏則惟酒、布、檳榔之屬」、「袒裸成群，不知恥辱」、「女不紡織，男不菽粟」、「病不就醫，惟神是告；葬不以棺，惟土是劇」等內容，與其他志書之「番俗」大同小異。可見〈遊琅嶠賦〉確實呈現實際踏察採訪風俗之困難，〈遊琅嶠賦〉成爲特殊狀況下的「以賦代志」之例。

四、從官方賦到私人賦

　　兩百年來官方志書〈藝文志〉所代表之典範書寫，勢必對私人賦作產生影響。然而要研究清代臺灣私人賦作，又有文獻保存極其不易的問題，如：私人著述因刊刻不易、子孫未予珍視、或乙未兵災等種種原因，導致原稿散佚或自然腐蝕因素，難以流傳至今。若要探究「官志書賦影響私人賦作」之議題，目前所見，僅章甫（1760〜1816）〔註68〕〈臺陽形勝賦〉屬志書中「形勝」類；施瓊芳（1815.7.10〜1868）〔註69〕〈蔗車賦〉屬志書中「風俗（物產）」類；洪繻（1867〜1929）〔註70〕〈九十九峰賦〉（以「玉筍瑤簪排空無

〔註68〕章甫（1760〜1816），字文明，號半崧，臺灣縣人（今臺南市）。嘉慶四年（1799）歲貢。三次赴鄉試，皆不中，遂設教里中。重修府學文廟時曾捐銀贊助，其後擔任董事。其後絕意仕途，課兒孫自娛，時人目爲高士。詩文俱工，著有《半崧集》六卷。

〔註69〕施瓊芳（1815.7.10〜1868），字見田、昭德、星階，號珠垣，臺灣府人（今臺南市西區和平街）。道光十七年（1837）拔貢生，旋登鄉試。道光二十五年（1845）恩科進士。即補江蘇知縣，未赴任，再銓選爲六部主事，乞養回籍。同治六年（1867）應臺灣兵備道吳大廷之聘，掌教海東書院。乙未之際，散佚過半，僅《春秋節要》、《石蘭山館遺稿》廿二卷，藏稿於家，內容包括《文鈔》二卷、《駢體文》四卷、《詩鈔》十卷、《補餘詩鈔》二卷、《試帖》四卷。

〔註70〕洪繻字攀桂，又字月樵，鹿港人。幼年致力科舉，乙未割臺，隱居著述。精擅駢、散文，及古、近體詩。著有《披晞集》、《寄鶴齋集》、《寄鶴齋詩話》、

際」爲韻）屬志書中「山川」類。三篇不同類目賦作，由收錄時間正好自清
代中期至晚清，呈現臺灣私人志賦書寫面貌。

（一）仿志書「排比分類」——章甫〈臺陽形勝賦〉

〈臺陽形勝賦〉得以傳世，乃因嘉慶二十一年（1816）章氏門人刊刻《半
崧集》六卷。章甫〈臺陽形勝賦〉仿志書「排比分類」內容，與王必昌〈臺
灣賦〉類似，然而篇幅較爲短小：

章甫〈臺陽形勝賦〉仿志書「排比分類」表

疆域志	星野	野度女牛，歸雙星之統屬。……	
	沿革	明季以來，方鑿乾坤渣滓。……	
	形勝	東則城築永康，里歸新化。……	
		西則水濱遠眺，澤畔吟行。……（《全臺賦校訂》，頁 82）	
		南則鳳曾記瑞，龜亦沐仁。……	
		北則金包黃，玉山白。……	
		八景之二	誰謂倚斐亭以聽濤，未銷邊瘴；登澄臺而觀海，迥異通都也哉。（《全臺賦校訂》，頁 83）

值得注意之處，章氏〈臺陽形勝賦〉不僅在形式上模擬志書「排比分類」
的手法，內容上「我國家簡命特頒，靖海侯興師而起。王化覃敷，民風醇美。
用標形勝之宏，乃入版圖之紀。」（《全臺賦校訂》，頁 82）學習彼時志賦常有
的「王師與盛世」之敘事模式〔註71〕。

（二）以賦佐志

1. 施瓊芳〈蔗車賦〉

施瓊芳，道光二十五年（1845）進士，主要活動時間在道光年間，其〈蔗
車賦〉以臺灣名產甘蔗爲主題。甘蔗本爲全省性之農產品，今查道光十六年
（1836）之《彰化縣志·物產志·果之屬》中，有甘蔗的記載：

> 有紅、白二種。性溫，漿甘，……煮汁爲糖。〔註72〕

《瀛海偕亡記》、《寄鶴齋駢文集》、《寄鶴齋文矕駢文補遺（卷下）》、《洪棄生
先生遺書》等。
〔註71〕詳見：本書「第四章　以賦佐治——鄭逆與王師之敘事模式」。
〔註72〕〔清〕周璽總纂，《彰化縣志》（下）（臺北：文建會，2006 年 12 月），頁 471。

施瓊芳〈蔗車賦〉以賦體記述：甘蔗收成後的製作、用途，賦末自我省思。本賦全文分四段，首段破題有蔗車製糖的描述「玉碾回旋，瓊漿洽浹。轆轆轟轟，重重疊疊。團圓之象應奇，醞釀之功獨捷。」（《全臺賦校訂》，頁95）與庶民生活的意義「話到村家風味，都蔗子別具甘芳。」第二段從甘蔗的種植、採收、熬煮成糖的過程。第三段由作者觀察蔗糖製作過程，省思製成糖漿的歷程如同「輪迴」，以此了悟「甘蔗」的佛性。末段以釀成如「蘭醴」、「桂漿」的美酒，味美非茶所能比擬。

　　蔗糖既為清代臺灣三大出口品之一，於志書內難以特別凸出甘蔗之用，施氏卻能喻物產於賦體，特別著重製糖的過程與釀成美酒的滋味，更以甘蔗與糖漿之形體轉換，將本屬「食物」的形而下的物質層面，昇華為形而上的「精神」層面，使所有食用過甘蔗相關產品：糖漿、糖膏、甜酒……者，都能因不同形體的轉換，而對佛性與輪迴有所體會，極為獨特。總之，藉由〈蔗車賦〉中對於臺灣製糖事業的多重書寫，得以彌補志書對甘蔗記錄的不足，具有「以賦佐志」的功能。

　　2. 洪繻〈九十九峰賦〉（以「玉筍瑤簪排空無際」為韻）

　　洪繻為跨清領與日治之臺灣重要文學家，目前所存賦作共34篇，其賦作特色約略有二，首先，因平生致力舉業，無論主題與用典，深受律賦「清真雅正」、「宗唐」之時代風格影響，少以臺灣之時地風物為書寫主題。其次，多於賦題下標示寫作時間，目前所見最早的作品，是作於清光緒十一年（1885）的〈惜花賦〉，最後標示寫作時間為作於清光緒二十年（1894）十一月十八日夜半作的〈西螺柑賦〉，之後11篇賦作均未標示。由於洪氏曾與丘逢甲抵抗日軍入臺，很可能〈西螺柑賦〉寫於抗日之前，當日軍長驅直入南臺灣，洪氏見大勢已去，為表示身在日治心在清朝之家國意識，便不再書寫日期。〈西螺柑賦〉之後共有11篇未標示日期，〈九十九峰賦〉為第7篇，很有可能寫於日治之時。

　　〈九十九峰賦〉全文依「玉筍瑤簪排空無際」用韻，此韻乃引述自道光十六年（1836），周璽總纂之《彰化縣志・封域志・山川》：

　　　　東南九十九尖，玉筍瑤簪，排空無際，有萬笏朝天之象，即邑治之
　　　　尖峰也【俗名「火燄山」，即燄峰朝霞之景】。」〔註73〕

〔註73〕　〔清〕周璽總纂，《彰化縣志》（上）（臺北：文建會，2006年12月），頁98。

「九十九峰」於清領時期屬彰化縣，日治後行政區域重新劃分，改屬台中州，現今名爲「九九峰」屬於南投縣。洪繻爲彰化縣鹿港人，進入日治之後，見「九十九峰」於不同時代行政區域劃分之改變，象徵鼎革易代的標誌，感慨之餘，引述清代《彰化縣志‧封域志‧山川》爲全賦韻腳，有其深刻之含意。清人孫梅《四六叢話》云：

> 晚唐士人作律賦，多以古事爲題，寓悲傷之旨。〔註74〕

律賦貴在煉韻，洪繻撰寫此賦，引述前清道光十六年《彰化縣志‧封域志‧山川》刊行之「古事」爲韻，顯見作者企圖以「賦作」連結前朝的「輿地」劃分，以表達士子內心深刻之家國情懷，而此情懷又與洪氏年少時即學冠同儕，身懷抱負有關。根據其子洪炎秋（1899～1980）回憶：

> 先父自幼聰明，又知道努力，書院月考，府縣觀風，總列前茅，每月
> 所得膏火（獎金），不但足供自己學費，而且可以補貼家用。〔註75〕

依洪繻之才學，取得功名，崢嶸三代，本在預期之中。可惜甲午一役，乙未割臺，洪繻與許多臺籍文人身處巨大的歷史斷裂中，而被迫中止人生志願的追求。因此此賦「引述」前朝志書爲韻，緬懷前朝所寓悲傷之旨，不言而喻。

洪繻引述之《彰化縣志》總纂者周璽曾於道光六年（1826）擔任彰化知縣，在任內以修《志》爲己任，後因閩、粵械鬥被參罷職，罷職後乃留臺主講於崇文、白沙兩書院〔註76〕，道光十年（1830）繼任知縣李廷璧乃聘周璽爲總纂〔註77〕。周璽曾任彰化知縣，以「萬笏朝天之象」描述縣邑的九十九峰，具有萬臣朝君、大一統的氣勢，同時隱含自己雖被參罷職，但效忠君王的情懷始終不變。周璽在筆法上將「九十九峰」比爲「忠臣」，洪氏〈九十九峰賦〉以「五嶽遊人」與「蓬瀛仙客」的對談，即《文心雕龍‧詮賦》「述客主以首引，極聲貌以窮文。」藉客主的對話比較兩地的景致，並展現出九十九峰較中原眾山爲佳的意識。

九十九峰較中原眾山爲佳的意識，首先展現在「臺灣」與「中原」代詞

〔註74〕〔清〕孫梅，《四六叢話》，王水照編，《歷代文話》，第 5 冊（上海：復旦大學出版社，2007 年 11 月），頁 4345。

〔註75〕洪炎秋，〈身處設地爲孩子〉，《教育老兵談教育》（臺北：三民，1974 年 3 月），頁 154。

〔註76〕崇文書院位於東安坊，今臺南市區，屬府級書院。白沙書院位於今彰化市，屬縣級書院。

〔註77〕洪燕梅，〈點校說明〉，〔清〕周璽總纂，《彰化縣志》（上）（臺北：文建會，2006 年 12 月），頁 13。

的比較上，顯然「蓬瀛仙客」爲臺灣的總稱〔註78〕，「五嶽遊人」爲中原名山的總稱，隱約有「臺灣／中原」的喻意。「仙客」對「遊人」，「仙／人」相對，「仙客」先天上就占了上風，已隱含以臺地自重之意。其次就「臺灣／中原」的比較而言，「五嶽遊人」誇耀內地：

> 有七十二峯之橫斜，有三十六峯之出沒。朝飛萬朵之雲，夜挂千竿之月。……人間莫比其崔巍，世外難形其突兀。(〈九十九峰賦〉《全臺賦校訂》，頁324)

「五嶽遊人」畢竟是「人境」，因此說中原眾山在「人間／世外」都難有可以比肩者。但「蓬瀛仙客」畢竟是「仙境」，故可述說蓬島九九峰之勝：

> 其爲狀也，峨峨業業，峋峋嶔嶔。或連或斷，或仰或臨。或奔若歌，或逸若禽。或俯若僂，或立若暗。或赤若鬜，或黑或黔。或背若相去，或向若相尋。或禿若露頂，或莊若整襟。或端若執笏，或跽若獻琛。或峙若扶鼎，或兩若對斟。或怒若赴鬥，或愁若行吟。日出若負曝，雲停若就陰。海潛若對鏡，雨作若承霖。……或寢若虎兒，或蹲若熊斝。(〈九十九峰賦〉，《全臺賦校訂》，頁325)

臺灣山多平原少，「蓬瀛仙客」僅敘述九十九峰之部分景致，並非全豹，就有各種各樣的情狀、物態，異於中原各山。周氏於《彰化縣志》中所云九十九峰有「萬笏朝天之象」，但未細述各峰形勢，洪氏既是參考《縣志》「東南九十九尖，玉筍瑤簪，排空無際，有萬笏朝天之象，即邑治之尖峰也。」取其中「玉筍瑤簪，排空無際」爲韻，進而書寫「萬笏」各態，雖未能涵括全數，但作爲「佐志」的功能，確已達成。

　　由嘉慶年間章甫〈臺陽形勝賦〉仿志書「排比分類」內容，與道光年間施瓊芳〈蔗車賦〉書寫臺灣著名的農作物、洪繻〈九十九峰賦〉引述志書爲韻，細述峰巒各態，可見清代臺灣官方志賦到民間私人賦家，乃然呈現豐富的地理風物特質，志書仍爲賦家作賦取材之資，可視爲「以賦佐志」特質之延續。

〔註78〕清代以爲臺灣爲山島，如林謙光〈臺灣賦〉：「神山突出，沃野孤浮。」(《全臺賦校訂》頁3)；高拱乾〈臺灣賦〉：「山山含紫，樹樹凝青。層巒疊嶂，戴月披星。」(《全臺賦校訂》頁10)。

第四章 以賦佐治——鄭逆與王師之敘事〔註1〕模式

　　永曆十五年（1661）荷蘭治理臺灣的最後一任長官揆一（Fredrick Coijet，1620～？）獻熱蘭遮城投降鄭成功，開始明鄭（1661～1683）在臺22年的統治。明鄭時期在臺設立承天府，下轄天興縣、萬年縣、澎湖安撫司。永曆二十年（1666）孔廟落成，設置太學招收太學生，在兵馬倥傯之際太學學生多為明宗室遺臣將官之子。由永曆十五年（1661）至三十七年（1683）鄭克塽投降為止，約二十餘年間嚴格執法、不犯番民的統治，足以影響漢人、漢化較深之熟番（如平埔族人）認同明鄭政權。永曆三十七年、康熙二十二年（1683）滿清藉武力消滅明鄭在臺勢力，明朝國祚至此完全滅亡。清廷為了開創長治久安之帝國、完全拔除前朝政治勢力，盡數移除在臺之明宗室遺臣回到中原，

〔註1〕　清代臺灣賦中有關「鄭清對抗」的歷史，經常以「鄭逆、王師與盛世」的論述模式書寫。有關古典文學對史事的「敘事」研究，本文參考張素卿《敘事與解釋——《左傳》經解研究》的觀點：「古代學者論及『敘事』，通常與歷史撰述有比較密切的關係，反而不是指稱『虛構的敘事』或『小說』（fictional narrative/fiction），這與部分當代學者援引西方文學理論而說的『敘事』應當有所區別。……雖然劉氏、真氏等論及『敘事』，往往與歷史撰述有關，然而『敘事』畢竟是指文體，而非史體。真德秀《文章正宗》所謂『敘事』，明顯是指『文章』之一體；劉熙載《藝概·文概》也視『敘事』為『文』。」詳見：張素卿，《敘事與解釋——《左傳》經解研究》，潘美月·杜潔祥主編《古典文獻研究輯刊》第6編第5冊（新北市：花木蘭文化出版，2008年3月），頁25。
由張素卿的研究可知，「敘事」本為古代文學論述歷史撰述時的一體，此與西方文學理論所說的「敘事」有所區別。

不願歸農之士兵亦分散於內地清兵之列。從此普天之下，莫非王土；率土之濱，莫非王臣。

然而退守臺灣抗清的鄭成功在明末數十年間曾是明遺最後的希望，即便鄭氏壯志未酬身死於臺，其靖難死節的壯烈身影內化爲明遺痛裂肝腸的「集體記憶」（collective memory），此記憶所凝聚的民族氣節難以輕易消散。滿清入關憑藉武力取代明朝，以少數的滿人統治多數的漢人，首先必須改變大多數漢人臣民內心的「前朝記憶」與延平郡王鄭成功抗清的忠烈形象，使大多數漢人臣民在「身／心」實際上「臣服／誠服」清廷：

> 民族似乎是一個由集體歷史記憶的凝結與傳遞來維繫的人群，一方面民族體以創造及追溯共同歷史記憶來不斷的維持或修正族群邊界，另一方面，任何個人或人群團體，除非有明顯的體質外觀的差別，都可以藉由假借一個歷史記憶，或遺忘一個集體記憶，來進入或退出一個民族體。〔註2〕

滿清爲了長治久安取得統治最大利益，藉著撰史修志使前朝臣民重組過去的記憶，以便在新的「集體歷史記憶」重組後，成爲滿清的順民。這便是清代自康熙二十四年（1685）年底開館，至道光二十二年（1842）止，三次纂修《大清一統志》的重要目的之一。

清廷初次纂修《大清一統志》參與修史者多以漢人爲主，其中固然有清廷意欲籠絡具有聲望之漢人階級，展現懷柔的施政手段，對於置身歷史斷裂的漢人而言，何嘗不是重新整理「前朝記憶」的契機：

> 對自己的過去和對自己所屬的大我群體的過去的感知和詮釋，乃是個人和集體賴以設計自我認同的出發點，而且也是人們當前——著眼于未來——決定采取何種行動的出發點。〔註3〕

清廷以修明史爲前朝「蓋棺論定」，以修《大清一統志》立定新朝之「輿地、職官、制度」等。不可否認，參與修史或撰志的漢人，藉由整理「前朝史」與「新朝志」而重新感知個人與大我群體的關係。

臺灣方志的纂修者多爲內地派任的官員，他們經常趁修志之便收錄自己

〔註2〕 王明珂，〈集體歷史記憶與族群認同〉，《當代》第 91 期（1993 年 11 月 1 日），頁 16。

〔註3〕 【德】哈拉爾德・韋爾策編，季斌等譯，〈社會記憶〉，《社會記憶：歷史、回憶、傳承》（北京：北京大學出版社，2007 年 5 月），頁 3。

的賦作，成為清代臺灣志賦「作者身分」的一大特色。若將賦作置諸於當時
之時空背景，可察覺出官員們的仕宦心態與創作心理。首先，仕宦心態：康
熙二十三年（1684）施琅建議清廷頒布渡臺三禁令，其中之一是「不准攜帶
家眷」，官員久居中原繁華之地，宦臺意謂著必須冒死蹈海（黑水溝）來到「番
多于民」〔註4〕的初闢疆土，多重凶險之下官員們為何願意來臺？主因在於清
廷明令：宦臺任滿回京述職將優先陞用〔註5〕，有「青雲得路」的誘因在前，
孤身蹈海確實值得一搏。其次，創作心態：康熙帝特重賦學，丁酉科場案流
放於寧古塔二十餘年之罪臣吳兆騫，因作〈長白山賦〉經天子賞識而允許納
資贖歸。臺灣既是草昧初開、無文獻可徵之地，故將己作附於方志之中，既
為開臺賦作又得以流傳後世。君王欲瞭解臺灣必讀臺《志》，故宦臺官員於方
志〈藝文志〉中編入己作，若能引起君王賞識，必可達朱黻邀恩之目的，凡
此均為蹈海仕宦之雙重收獲。宦臺官員欲達仕宦利益，勢必極盡迎合朝廷所
欲改變之「前朝記憶」，以便達到實際「大一統」之政策於賦作內容中。

　　前述退守臺灣抗清的鄭成功在明末數十年間曾是明遺最後的希望，即使
鄭氏壯志未酬身死於臺，其靖難死節的壯烈身影內化為明遺痛裂肝腸的「集
體記憶」（collective memory），此記憶所凝聚的民族氣節並不因此而輕易消散，
故朝廷治臺首要，莫過於「延平郡王鄭成功」形象之重塑。經爬梳清代方志
賦作內容，多有將「鄭清之戰」以「王師」弭平「鄭逆」達成「一統／盛世」
的敘事模式。本章第一節「**鄭逆、王師與盛世（聖世）**」，分別以朝廷有計畫
的於方志中「重塑鄭成功在臺形象」、以及孟子「王師與聖世論述」，作為「鄭
逆、王師與盛世（聖世）」事件序列的說明。第二節「**宦臺賦家之敘事模式**」
分別從學、治、軍、史等四種背景的宦臺賦家，論述賦作中的「鄭逆」與孟

〔註4〕　〔清〕季麒光，〈《東寧倡和集》敘〉，李祖基點校，《蓉洲文稿選輯》，（香港：
　　　　香港人民，2006 年 1 月），頁 96。

〔註5〕　康熙三十年，奉旨：「臺灣各官自道員以下、教職以上，俱照廣西南寧等府之
　　　　例，將品級相當現任官員內揀選調補。三年俸滿，即陞。如無品級相當堪調
　　　　之員，仍歸部選。著為令。」、「乾隆八年，奉上諭……又議准：『臺灣訓導三
　　　　年報滿，准其調回內地即陞。遇應陞月分，以縣丞、府經等官陞用。如該員
　　　　俸次應陞學正、教諭之時，吏部截定俸次，令該督、撫挨次論俸陞用』。又議
　　　　准：『嗣後臺灣府、廳、縣，准其照道員、佐雜、教職等官一體三年期滿，報
　　　　明該督、撫照例具題分別陞用，免其留臺協辦。』」詳見，〔清〕六十七、范
　　　　咸主編，〈職官〉，《重修臺灣府志》（上）（臺北市：文建會，2005 年 6 月），
　　　　頁 203～4。

子「王師」說之敘事模式。第三節「臺籍賦家『鄭逆與王師』之運用」，論述臺籍賦家如何接受、轉化官方所建立之敘事模式。

第一節　鄭逆、王師與盛世（聖世）

鄭成功在臺的具體時間，自永曆十五年（1661）四月四日至十六年（1662）五月八日猝逝爲止〔註6〕，僅短短一年。然而壯志未酬、身死於臺的忠義精神仍鎸刻在前朝遺民的記憶中，影響所及鄭成功去世二十一年後，永曆三十七年（康熙二十二年（1683）施琅方才舉兵攻臺終結大明江山，建置滿清大一統的政權。記憶並不同於年限可以斷裂，「壯志未酬身死於臺的鄭成功形象」成爲清代臺灣修志事業中，務必重塑的歷史人物與前朝記憶。由於歷史是族群對於過去的集體記憶，「爲了解釋現實的情勢而產生的集體記憶不只是選擇性的、詮釋性的，而且也經常是扭曲的。集體記憶的一個重要特質便是，有時集體記憶也是對過去經驗的集體創造。」〔註7〕清廷爲了重塑鄭成功的形象以達成少數滿人統治多數漢人之便利性，貶抑鄭成功形象，上自「朝廷奏疏」下至「方志傳說」，最終形成文本中重要的敘事內容。

一、重塑鄭成功在臺形象

清初臺灣志書極少鄭成功的相關記載，尤其康熙三十五年（1696）高拱乾纂輯之《臺灣府志》更完全去除相關鄭氏記載。直到乾隆七年（1742）劉良璧纂輯《重修福建臺灣府志》記載有關鄭成功的部分，僅有驅逐荷蘭人一小部分文字，其後接康熙二十一年（1682）福建總督姚啓聖定策平臺、二十二年靖海將軍施琅統舟師征史。〔註8〕可見清廷儘量淡化鄭成功在臺的歷史與影響。爲了進一步邊緣化鄭氏，志書多將鄭氏文獻收錄於〈雜記‧叢談〉等野史傳說中，如：

> 康熙癸亥年，克鄭逆，舟進港時海水乍漲；康熙辛丑年，克朱一貴，
> 舟進港時海水亦乍漲。前後若合符節。蓋由聖人在上，海若效順；

〔註6〕 吳密察監修，《台灣史小事典》（臺北市：遠流，2009 年 9 月），頁 27、28。

〔註7〕 王明珂，〈集體歷史記憶與族群認同〉，《當代》第 91 期（1993 年 11 月 1 日），頁 11～2。

〔註8〕 〔清〕劉良璧纂輯，〈建置沿革〉，《重修福建臺灣府志》（上）（臺北市：文建會，2005 年 6 月），頁 112。

　　王師所指，神靈呵護。理固然耳。(〈平臺異同〉)〔註9〕

文中將〈平臺異同〉中王師受神靈護佑，大戰「鄭逆、朱一貴」等過程，歸納入官方志書中野史傳說類，先「邊緣化」再「逆賊化」鄭氏的伏筆。將以「奏疏中的『鄭逆』」作為清廷「自命王師，征討賊逆」的意識，以及重塑鄭氏為「傳說中的『草雞、大鯨』」，瓦解遺民心中「鄭氏抗清」的歷史記憶，依次列述。

（一）奏疏中的「鄭逆」

　　鄭經、鄭克塽駐臺時日，均較鄭成功長，重塑「鄭逆」記憶的對象卻是針對鄭成功，而非納土獻印的鄭克塽。回顧鄭清對抗期間，「招安」與「征討」是清廷對治鄭成功的兩面手法，順治十一年（1654）七月清廷曾敕封鄭成功為「海澄公靖海將軍」，招安之詔書內容如下：

> 敕諭**海澄公靖海將軍鄭成功**今據爾疏奏雖受敕印尚未剃頭冀望委畀
> 全閩又謬稱用兵屯箚舟山就近支給溫台寧紹等處錢糧詞語多乖順逆
> 兩端一言可決爾其熟思審圖毋貽後悔〔註10〕

鄭氏拒接招安詔書，於鄭氏有生之年，清廷對其莫可奈何。於是派出鄭氏昔日手下施琅與之對抗，為師出有名，於是征討奏疏改以「海逆」稱之：

> （臺灣）至順治十八年，為<u>海逆</u>鄭成功所攻破，盤踞其地，糾集亡
> 命，挾誘土番，荼毒海疆，窺伺南北，侵犯江、浙。傳及其孫克塽，
> 六十餘年，無時不仰廑宸衷。(〈請留臺灣疏〉)〔註11〕

> 竊照臺灣自<u>鄭逆</u>盤踞數十年，以為老窠，招集亡命，擾動數省，故
> 從前投誠官兵，屢有反側，皆安插外省，所以解散而消彌也。……
> 一面派撥船隻，將各官陸續載入內地。……，其偏卒願歸農者：則
> 聽其歸農；願逐伍者，則暫撥在從征各鎮、營逐伍。……鄭克塽等
> 納土歸附，並其親族與劉國軒、馮錫範等皆遵旨進京，明宗室朱桓
> 等移就山東、河南安插。是臺灣之窠穴已破，根株已盡，可保其永
> 無後患。(〈移動不如安靜疏〉)〔註12〕

〔註9〕　〔清〕劉良璧纂輯，〈雜記・叢談〉，《重修福建臺灣府志》（下），頁 113。

〔註10〕　原件典藏於：中央研究院歷史語言研究所，http://catalog.digitalarchives.tw/ dacs5/System/Exhibition/Detail.jsp?OID=2571137。

〔註11〕　〔清〕施琅，〈請留臺灣疏〉，〔清〕高拱乾纂輯，〈藝文志〉，《臺灣府志》（臺 北市：文建會，2004 年 11 月），頁 390～391。

〔註12〕　〔清〕施琅，〈移動不如安靜疏〉，《臺灣史料集成・明清臺灣檔案彙編》第 2

〈請留臺灣疏〉、〈移動不如安靜疏〉兩份奏疏寫於鄭克塽投降之後，〈請留臺灣疏〉寫於康熙二十二年（1683）十二月二十二日，主旨在於將臺灣納入版圖之重要性。〈移動不如安靜疏〉寫於康熙二十三年（1684）三月一日，主旨在於根除南明在臺的勢力，將明宗室、遺臣、將兵遣離臺灣。兩段引文都有「鄭成功、鄭克塽」，但書寫主旨均以「鄭成功＝逆賊」爲主。

（二）志書收錄的「草雞、大鯨」傳說

自古「成者爲王，敗者爲寇」，早自《山海經‧海外西經》中「形（刑）天與帝至此爭神，帝斷其首，葬之常羊之山。」成功者、失敗者原本的名字在不斷地口傳中消失，只留下了勝利者的標籤——帝；失敗者的標籤——刑天。延平郡王鄭成功靖難失敗，朝廷奏疏逐將鄭成功定調爲「逆」，然而清廷眞正畏懼的是鄭成功流傳於民間的「忠義形象」，因此進一步以「官方志書」收錄「草雞、大鯨」的鄭氏傳說：

> 明崇正庚辰，閩僧貫一居鷺門（即今廈門）夜坐，見籬外陂陀有光，連三夕，怪之，因掘地得古甎，背印兩圓花突起，面刻古隸四行，其文曰：「草雞夜鳴，長耳大尾，干頭銜鼠，拍水而起，殺人如麻，血成海水，起年滅年，六甲更始，庚小熙皞，太和干紀」，凡四十字。閩縣陳衍磐生明末，著《槎上老舌》一書，備記其事。至國朝康熙癸亥，四十四年矣。識者曰：雞，酉字也；加草頭，大尾，長耳，鄭字也。干頭，甲字；鼠，子字也；謂鄭芝龍以天啓甲子起海中爲群盜也。明年申子，距前甲子六十年矣。庚小熙皞，寓年號也。前年萬正色克復金門、廈門，今年施琅克澎湖，鄭克塽上表乞降，臺灣悉平，六十年海氛，一朝盪滌，此固國家靈長之福，而天數已豫定矣。異哉！〔註13〕（王士正《池北偶談》）

〔註13〕 輯第9冊（臺北市：遠流，2006年8月30日），頁44、45。

此則傳說，有六本臺灣志書收錄：①〔清〕劉良璧纂輯，《重修福建臺灣府志》（下）卷十九〈雜記〉（臺北市：文建會，2005年6月），頁649～650。②〔清〕范咸纂輯，《重修臺灣府志》（下）卷十九〈雜記〉（臺北：文建會，2005年6月），頁739～740。③〔清〕王必昌總輯，《重修臺灣縣志》（下）卷十五〈雜記〉（臺北市：文建會，2005年6月），頁721。④〔清〕余文儀主修，《續修臺灣府志》（下）卷十九〈雜記〉（臺北市：文建會，2007年6月），頁879～880。⑤〔清〕陳壽祺總纂：《道光福建通志臺灣府》（下）卷三十五〈雜錄〉（臺北市：文建會，2007年12月），頁1281。⑥林〔清〕豪總修，《澎湖廳志》（下）卷十一〈舊事〉（臺北市：文建會，2006年6月），頁475。按：前

「鄭氏、草雞」為一預言型傳說，大意是：崇禎十三年（1640）歲次庚辰年某夜，閩僧貫一夜間靜坐忽見異相，掘出古甎上有四行古隸，指鄭氏父子孫三代作亂有其氣數，時間自明熹宗天啓四年（1624）至康熙二十三年（1684），正足六十之數。本則傳說有時間、地點、見證者、天降異相，尤以見證者為僧人，正所謂出家人不打誑語，欲以「僧人」見證者取信於「庶民」。鄭氏形象的塑造上將「鄭氏」擬為草雞，輔以「殺人如麻，血成海水」的海盜形象敘述，意欲取代鄭氏「反清復明」的忠義形象。

「鄭氏、草雞傳說」之傳播路徑〔註14〕，值得注意：〈池北偶談・序〉說明傳說之由來為「憶二十年來官京師所聞見於公卿大夫之間者……康熙辛未秋〔註15〕，漁洋山人王士禎〔註16〕序」〔註17〕。原來這則傳說先流傳於京師公卿大夫間，後經王士禎撰入《池北偶談》第二十二卷《談異三》，再由纂志者收錄於臺灣志書中。本則傳說，共有六本臺灣志書收錄，依時間先後分別是：

1. 乾隆七年（1742）劉良璧纂輯《重修福建臺灣府志》。
2. 乾隆十二年（1747）范咸纂輯《重修臺灣府志》。
3. 乾隆十七年（1752）《重修臺灣縣志》。
4. 乾隆三十九年（1774）余文儀主修《續修臺灣府志》。
5. 同治十年（1871）陳壽祺總纂《道光福建通志臺灣府》。
6. 光緒二十年（1894）林豪總修《澎湖廳志》。

「鄭氏、草雞」之傳播路徑，如下：「（朝廷認可）京師公卿→《池北偶談》→臺灣志書」，其路徑由「官方→民間」、由「上而下」的重塑、醜化鄭氏於漢人心中之「集體記憶」，意欲明確。

　　述六本志書所引錄之「鄭氏、草雞」傳說，內容均大同小異，本文採用版本為《道光福建通志臺灣府》。

〔註14〕有關「鄭氏、草雞」傳說在同時期、不同地域，各有其傳播路徑，由於本文旨在清代臺灣志賦中如何將「鄭逆」作為敘事模式之一，因此將以臺灣志書中所載之內容為主要論述資料。

〔註15〕康熙三十年（1691）歲次辛未。

〔註16〕作者王士禎（1634～1711），王士禎因避雍正諱改名王士正，之後乾隆賜名為王士禎，但《道光福建通志臺灣府》代表官方志書，故收錄時仍書以避諱之名。

〔註17〕〔清〕王士禎，《池北偶談》《山東文獻集成（清康熙三十九年王廷掄汀州府署刻本）》，第3輯（濟南市：山東大學出版社，2009年），頁22～2、22～3。

　　第二則「鄭氏、大鯨」傳說，分別被記載於七本臺灣志書，內容大同小異，爬梳七本臺灣志書收錄來源有三，（1）《重修福建臺灣府志》收錄的《臺海使槎錄》版；（2）《重修臺灣府志》等五本志書收錄《臺灣志略》版；（3）《澎湖廳志》收錄的尹東泉版等。如下說明：

1. 《臺海使槎錄》版

　　康熙癸亥四月，澎島忽見鼉魚，長丈許，有四足，身上鱗甲火炎，從海登陸。百姓見而異之，以冥鈔、金鼓送之下水。越三日，仍乘夜登山，死於民間廚下。按，鄭成功起兵，荼毒濱海，民間患之。有問善知識云：「此何孽，肆毒若是？」答曰：「乃東海大鯨也」。問：「何時而滅？」曰：「歸東即逝」。凡成功所犯之處，如南京、溫、台並及臺灣，舟至，海水為之暴漲。順治辛丑，攻臺灣紅毛，先望見一人冠帶騎鯨，從鹿耳而入；隨後成功將舟由是港進。癸卯，成功未疾時，轄下夢見前導稱成功至；視之，乃鯨首冠帶乘馬，由鯤身東入於外海。未幾，成功病卒，正符「歸東即逝」之語；則其子若孫，皆鯨種也。今鼉魚登岸而死，識者知其兆不佳。至六月，澎師戰敗歸誠，亦應登山結果之兆焉。（《臺海使槎錄》）〔註18〕

2. 《臺灣志略》版

　　鄭成功起兵荼毒濱海，民間患之。有問善知識云：「此何孽，肆毒若是」？答曰：「乃東海大鯨也」。問：「何時而滅」？曰：「歸東即滅」。凡成功所犯之處，如南京、溫、台并及臺灣，舟至海水為之暴漲。順治辛丑攻臺灣，紅毛先望見一人冠帶騎鯨從鹿耳門而入，隨後成功舟由是港進。癸卯，成功未疾時，轄下夢見前導稱成功至，視之，乃鯨首冠帶乘馬由鯤身東入於外海。未幾，成功病卒。正符歸東即逝之語。則其子若孫皆鯨種也。癸亥四月，鼉魚登岸而死，識者知其兆不佳。至六月，澎師戰敗歸誠，亦應登山結果之兆焉。（《臺灣志略》卷二《叢談》）〔註19〕

〔註18〕　《臺海使槎錄》版的「鄭氏、大鯨」傳說，有一本臺灣志書收錄：乾隆六年（1741）〔清〕劉良璧纂輯，《重修福建臺灣府志》（下），（臺北：文建會，2005年6月），頁653。

〔註19〕　《臺灣志略》版的「鄭氏、大鯨」傳說，有三本臺灣志書收錄：①乾隆十二年（1747）〔清〕范咸纂輯，〈雜記〉，《重修臺灣府志》（下）（臺北：文建會，2005年6月），頁741。②乾隆三十九年（1774）〔清〕余文儀主修，〈雜記〉，

3.尹東泉版

濟水尹東泉曰：「鄭成功起兵海上，或云此東海大鯨，歸東則逝矣。
辛丑攻臺灣時，有望見一人冠帶騎鯨從鹿耳門入者。癸卯，成功轄下
夢鯨首冠帶乘馬，由鯤身東入於海，未幾，成功卒，正符歸東則逝之
語，則其子孫亦鯨種也。癸亥四月（《府志》作「五月」，俟考），鱷
魚登岸而死，至六月，澎師戰敗歸誠，亦應登山結果之兆焉。」按：
此殆劉向《洪範傳》所謂魚孽也，是時鄭氏骨肉相殘，民心離析，運
丁荒末，是有咎徵，亦其氣焰有以取之歟？吁，可畏哉！〔註20〕

「鄭氏、大鯨」傳說，共有七本臺灣志書收錄，分別是：1.乾隆六年（1741）
劉良璧纂輯《重修福建臺灣府志》。2.乾隆十二年（1747）范咸纂輯《重修臺
灣府志》。3.乾隆十七年（1752）王必昌總輯《重修臺灣縣志》。4.乾隆三十九
年（1774）余文儀主修《續修臺灣府志》。5.嘉慶十二年（1807）謝金鑾、鄭
兼才總纂《續修臺灣縣志》6.同治十年（1871）陳壽祺總纂《道光福建通志臺
灣府》。7.光緒二十年（1894）林豪總修《澎湖廳志》。內容大同小異，修志者
有時照文抄錄，有時隨意增添，但主旨架構大抵不變。

　　比較「鄭氏、大鯨」與「鄭氏、草雞」有幾點共通處：其一、以「鄭成
功起兵茶毒濱海」取代抗清復明之忠義形象。其二、以「鯨種、肆毒」妖孽
化鄭成功。其三、東歸敗亡之預言。其四、均有「僧人、善知識」禎言之情
節。其五、也是最重要的一點，即是「官方」在此傳播路徑中所扮演的角色。

《續修臺灣府志》，頁 880～1。③同治十年（1871）〔清〕陳壽祺總纂，〈雜
錄〉，《道光福建通志臺灣府》（下）（臺北：文建會，2007 年 12 月），頁 1281
～2。

按：另有有兩本志書收錄《臺灣志略》版，但文字略異於前：
鄭成功起兵猖獗，有僧識其前因，語人曰：「此東海大鯨也。」問何時而滅？
僧曰：「歸東即滅矣。」凡成功兵到處，海水皆暴漲。順治辛丑攻臺灣，紅毛
先夢見一人冠帶騎鯨，從鹿耳門入；未幾，成功突至，紅毛遂遁。明年五月，
其轄下人復夢一鯨魚冠帶乘馬，由鯤身出海外，而成功遽卒；正應「歸東即
滅」之語。異哉！（《臺灣志略》卷二《叢談》）
①乾隆十七年（1752）〔清〕王必昌總輯，〈雜記〉，《重修臺灣縣志》（下）（臺
北市：文建會，2005 年 6 月），頁 722。②嘉慶十二年（1807）〔清〕謝金鑾、
鄭兼才總纂，〈外編〉，《續修臺灣縣志》（下）（臺北：文建會，2007 年 6 月），
頁 510。
〔註20〕尹東泉版的「鄭氏、大鯨」傳說，有一本臺灣志書收錄：光緒二十年（1894）
〔清〕林豪總修，〈舊事〉，《澎湖廳志》（下）（臺北：文建會，2006 年 6 月），
頁 474。

第二則「鄭氏、大鯨」之傳播路徑，由臺灣志書所見，以康熙六十年巡臺御史黃叔璥所著《臺海使槎錄》為最早，其次為李元春《臺灣志略》〔註21〕。因此其傳播路徑為：「郡縣舊志及前人著作（如：《臺海使槎錄》）→李元春《臺灣志略》→臺灣志書」，黃叔璥並沒有說明「鄭氏、大鯨」所傳何來，然而施琅軍幕周澎〈平南賦〉已將「鄭成功喻為鯨」〔註22〕，故知「鄭氏、大鯨」傳說在「鄭清對抗」初期已開始流傳。由於周澎與黃叔璥所代表之朝廷立場明確，可見「鄭氏、大鯨」傳說路徑，由「官方」而「民間」，由「內地」而「臺郡」之傳播路徑明確，與第一則「鄭氏、草雞」之傳播路徑由「（朝廷認可）京師公卿→《池北偶談》→臺灣志書」，極為相同。由臺志所載兩則鄭氏傳說，可見清廷以負面化的形象，打入民間傳說中，徹底重塑鄭氏形象。

二、王師與聖世論述

清初臺志多有頌揚一統之內容，如康熙三十五年（1696）臺灣知府靳治揚所著之〈臺灣府志序〉，云：「禹服之廣，繇茲始矣。自漢而還，代有建置，然唐設羈縻之州、宋稱玉斧之界，土宇版章未云孔厚。竊嘗披覽皇輿，而知一統之盛，無踰今日。」〔註23〕為了找到少數滿人統治多數漢人之執政「合理性」，將鄭成功「忠臣」形象轉為「大鯨」作孽，輔以荼毒濱海、天數已終等說，明鄭已然為「逆賊」代詞。歷代統治者均以堯舜禹湯文武周公孔子為一脈聖人道統，唯有順天應人接續此道統治國方為的聖主，否則為逆天的暴君，人人得而誅之。明清以四書為科舉基本用書，意欲以聖賢之道培養安邦的良臣，可達長治久安之目的。由於士子均熟讀四書以便中第出仕，因此對《孟子·梁惠王》將「商湯革命」滅夏建立商朝之軍事行為稱為「王師」的說法，自是極其熟稔：

> 詩云：「王赫斯怒，爰整其旅，以遏徂莒，以篤周祜，以對于天下。」

〔註21〕今查《臺灣志略·叢談》所錄「鄭氏、大鯨」傳說，未說明引自何書，然「臺灣銀行經濟研究室」所著之〈弁言〉，云其取材於「郡縣舊志及前人著作。……除舊志外，有……《赤嵌筆談》、《稗海紀游》、《偽鄭逸事》及《臺海使槎錄》等書。」詳見：臺灣銀行經濟研究室，〈弁言〉，〔清〕李元春，《臺灣志略》，《臺灣文獻叢刊》第18種（臺灣銀行經濟研究室編印，1958年10月），頁1。
〔註22〕另有卓肇昌、林夢麟〈臺灣形勝賦〉亦從其說。
〔註23〕靳治揚，〈臺灣府志序〉，〔清〕高拱乾纂輯，《臺灣府志》（臺北：文建會，2004年11月），頁30。

此文王之勇也。文王一怒而安天下之民。……而武王亦一怒而安天下之民。

民望之，若大旱之望雲霓也。……今燕虐其民，王往而征之，民以為將拯己於水火之中也，簞食壺漿以迎王師。

簞食壺漿以迎王師，豈有他哉？避水火也。〔註24〕

方志中承孟子「王師」之說，以美清軍者屢見不鮮，僅舉一例如下：

若臺灣孤嶼環瀛，……千古以來，番民處之，邈若蠻荒，中國視之，幾同甌脫；而五、六十年之間，則竟為潢池弄兵之所矣！我皇上不忍海涘之民頻懼蛇豕之害，於是命將出師，指授方略，橫海伏波，揚旌飛渡；而波臣效順，風不驚濤，其仰契天心如此！師行所至，莫不束身歸款，若崩厥角；壺漿載迎，市肆如故，其俯得人和又如此！自是而臺灣版圖延袤三千里、戶口數十萬，始得附於光天化日之下矣。廼猶塵睿慮，為民生計，析置一郡三邑，建設文武諸司。數年以來，生齒漸繁、草萊漸闢，商旅往來，番民和輯，彬彬乎有內郡風焉。〔註25〕

孟子以「文王一怒而安天下之民」，為周代商而興，起大軍滅他國「替天行道」之義行，故「民惟恐王之不好勇也」。依前述引文可見，孟子「王師」之敘述次序為：「王赫斯怒」、「爰整其旅」、「安天下之民」、「大旱望雲霓」、「簞食壺漿以迎王師」。此敘述事序多被清代臺灣方志賦家所用，或許前後順序有所不同，但敘述結構大同小異，「王赫斯怒，爰整其旅」的軍事行動，其征討目標為鄭氏，將其轄下臺民比為恐懼暴政，如大旱之望雲霓般渴望「清軍、王師」之到來，形成「王師」征討「鄭逆」以達「盛世（聖世）」之敘事模式。

第二節　宦臺賦家之敘事模式

早在先秦諸侯各國為了加強統治，特設專員收集轄內山川、風俗、物產、人民等相關訊息。宋代以後的方志既是經世之書，也有「輔治」的作用，因而歷代君王多下令纂修，地方官員也視修志為任官期間的重要工作項目，清

〔註24〕 孟軻，《孟子注疏》，〔漢〕趙岐注，〔宋〕孫奭疏，《十三經注疏本》（臺北：藝文印書館，1989），頁32、44、43。

〔註25〕 〔清〕靳治揚，〈臺灣府志序〉，〔清〕高拱乾纂輯，《臺灣府志》，頁31。

代臺灣府縣廳志約有四十多種〔註26〕，可見《大清一統志》所帶動的龐大修志工作。二百餘年間，不同階段臺志纂修的著重點不同，在「志書」即「治書」的理念下，每篇臺灣志賦均代表三種「身分」意義：其一是清代臺灣地方官員，其身分著重在「治」；其二是方志纂修者，著重在奉旨繳交「治績」；其三是方志〈藝文志〉中之賦作者著重在「雍容揄揚」。因此這類型的賦作自然難以抽離時空背景與政治動機，而僅以純文學之角度看待。若以「鄭逆、王師與盛世（聖世）」之敘事模式，套入清代臺灣方志賦作，則可得以下列表：

清代臺灣方志賦作「鄭逆、王師與盛世（聖世）」之敘述事件列表

年代	作者	籍貫	篇名	敘述事件		
				鄭逆	王師	盛世
康熙二十六年（1687）	林謙光	福建長樂	臺灣賦	√	√	√
康熙三十五年（1696）	高拱乾	陝西榆林	臺灣賦	√	√	√
康熙二十二年〔註27〕（1683）	周澎	福建晉江	平南賦	√	√	√
康熙五十八年（1719）	李欽文	府治東安坊	紅毛城賦	√	√	√
康熙五十八年（1719）	李欽文	府治東安坊	赤嵌城賦	√	√	√
乾隆元年（1736）	周于仁	四川安岳	觀海賦	×	×	√
乾隆元年（1736）	周于仁	四川安岳	文石賦	×	×	√
乾隆十七年（1752）	張從政	臺灣府治東安坊	臺山賦	×	×	√
乾隆十七年（1752）	張湄	浙江錢塘	海吼賦	×	×	×
乾隆十七年（1752）	陳輝	臺灣縣	臺海賦	√		√
乾隆十七年（1752）	王必昌	福建德化	臺灣賦	√		√

〔註26〕陳捷先，《清代臺灣方志研究》，（臺北：臺灣學生書局，1996年8月），頁1～11。

〔註27〕周澎之〈平南賦〉寫於隨施琅軍之時期，然收錄於方志之時間點較林謙光、高拱乾爲晚。《重修福建臺灣府志》刊行於乾隆七年（1742），首錄〈平南賦〉，三賦之排序先後爲：周賦、高賦、林賦，可見編者認爲周賦早於二賦，但林賦確實又較高賦爲早，或許編者以周賦爲先，但高拱乾之官職在林之上，故依此方式排列。本文依方志之刊行時代先後，仍將周賦列於第三。

乾隆十七年（1752）	王必昌	福建德化	澎湖賦	√	×	√
乾隆二十九年（1764）	朱仕玠	福建建寧	夾竹桃賦	×	×	×
乾隆二十九年（1764）	林萃岡	臺灣鳳山	秋牡丹賦	×	×	×
乾隆二十九年（1764）	卓肇昌	臺灣鳳山	臺灣形勝賦	√	√	√
乾隆二十九年（1764）	卓肇昌	臺灣鳳山	鼓山賦	×	×	×
乾隆二十九年（1764）	卓肇昌	臺灣鳳山	鳳山賦	×	×	√
乾隆二十九年（1764）	卓肇昌	臺灣鳳山	三山賦	×	×	√
乾隆二十九年（1764）	卓肇昌	臺灣鳳山	龍目井泉賦	×	×	√
乾隆二十九年（1764）	卓肇昌	臺灣鳳山	莿桐花賦	×	×	×
乾隆二十九年（1764）	林夢麟	臺灣鳳山	臺灣形勝賦	√	×	√
乾隆二十九年（1764）	陳洪圭	臺灣鳳山	秀峰塔賦	×	×	×
咸豐二年（1852）	黃學海	噶瑪蘭廳	龜山賦	×	×	√
咸豐二年（1852）	李祺生	噶瑪蘭廳	龜山賦	×	×	×
光緒二十年（1894）	屠繼善	浙江會稽	遊瑯嶠賦	×	×	×
光緒二十年（1894）	鍾天佑	廣東應嘉	庚寅恆春考義塾賦	×	×	×
光緒二十年（1894）	康作銘	廣東南澳	瑯嶠民番風俗賦	×	×	×

　　由表列可見，完全未提及「鄭逆、王師與盛世（聖世）」之敘事模式的，有三種情況：第一、物產賦，如〈文石賦〉、〈夾竹桃賦〉、〈秋牡丹賦〉。第二、創作時間為晚清，如：〈遊瑯嶠賦〉、〈庚寅恆春考義塾賦〉、〈瑯嶠民番風俗賦〉。第三、地域或建築賦，如：〈龜山賦〉、〈海吼賦〉、〈鼓山賦〉、〈秀峰塔賦〉。

　　前述兩種較為單純，第一類物產與頌揚一統無涉。第二類晚清時局飄盪，鄭成功之影響力已遠不如清初，尤其恆春為臺灣最晚開發之處，明鄭時期亦未曾開發，因此不必多著墨於「鄭逆」形象敘事。至於第三類特定的地域或建築，〈秀峰塔賦〉與物產類似，〈龜山賦〉則因人而異，黃學海的〈龜山賦〉有提及「盛世」，至於李祺生的〈龜山賦〉則純粹寫景。卓肇昌有六篇賦作，唯有〈鼓山賦〉未曾提及，因此第三類較難一概而論。以下依「學、治、軍、史」，論述宦臺賦家之敘事模式。

一、以「文德教化、王師」締造「大一統」的敘事模式──以「學」 為背景的林謙光〈臺灣賦〉

　　滿清入關一統中原後，不久即建立「王師」說，以成為取代明朝、鼎革易代的理論與依據。如：康熙二十五年（1686）《康熙福建通志臺灣府》卷一

《建置》即取《詩經・大雅・皇矣》「王赫斯怒，爰整其旅」，論述「（康熙二十二年）皇上赫然震怒，指授方略，特簡靖海將軍施琅統帥舟師，六月專征。」〔註28〕。康熙二十六（1687）年首任臺灣府學教授的林謙光所著〈臺灣賦〉，全文共 1313 字爲臺灣方志收錄之第一篇賦作。林氏雖未曾參與軍旅，也未參與方志纂修，但其賦作仍在「王師」與「大一統」的論述結構下展開：

> 即跳梁以據險，終痛悔其負嵎。……（《全臺賦校訂》，頁 2）

> 乃以忠信爲舟，以道德爲櫓。爰縱纜於銅山，泛一葉於廈浦。……既憩足於澎湖，復放櫂於深渚。程僅歷諸六更，里倏越乎百五。少焉，神山突出，沃野孤浮。（《全臺賦校訂》，頁 3）

> 系曰：「……介在絕島，吐霧吹烟。帝赫厥怒，淵淵闐闐；既昭義問，乃命旬宣；崇儒重道，勿棄蒙顓。匪棘其欲，式廓厥埏。皇以菶之，於斯萬年」。（《全臺賦校訂》，頁 6）

本賦採「主客問答」的結構，內容有發揚臺灣地域風土、原住民紛紛歸附等，爲頌揚一統常見的敘事模式。林謙光以「臺灣府學教授」的立場，引述《禮記・儒行》：「儒有忠信以爲甲冑，禮義以爲干櫓，抱義而處。雖有暴政，不更其所。」轉化爲「乃以忠信爲舟，以道德爲櫓」，指一介儒者以「忠信舟」取代「堅甲冑」，既是對抗鄭逆，也爲末段的「王師」論述埋下伏筆。其次不同於高拱乾、周澎二人〈臺灣賦〉中征戰的書寫模式，以「遊」爲背景揉合來臺路線，「爰縱纜於銅山，泛一葉於廈浦。……既憩足於澎湖，復放櫂於深渚。」採「縱纜」、「泛一葉」、「既憩足」、「復放櫂」等感官閒適的遊記式寫法，賦予來臺行舟的個人經驗。

林謙光〈臺灣賦〉名列方志〈藝文志〉第一篇，其書寫特色具有以下特殊意義：

（一）以「跳梁、小丑」暗喻鄭氏。

（二）「王師」說：「帝赫厥怒，淵淵闐闐。既昭義問，乃命旬宣。」（《全臺賦校訂》頁 6）上承《康熙福建通志臺灣府・建置》「皇上赫然震怒，指授方略，特簡靖海將軍施琅統帥舟師，六月專征。」揉合《詩經・大雅・皇矣》：「王赫斯怒，爰整其旅。」、《詩經・小雅・采芑》：「伐鼓淵淵，振旅闐闐。」、《詩經・大雅・文王》：「宣昭義問，有

〔註28〕〔清〕金鋐主修，《康熙福建通志臺灣府》（臺北：文建會，2004 年 11 月），頁 36。

虞殷自天。」、《詩經‧大雅‧江漢》:「王命召虎,來旨來宣。」等
為《詩經》集句,大意以《詩經》中文王受命、配天之傳說,作為
「明亡清興」的立論依據。

（三）「文德教化」說:「崇儒重道,勿棄蒙顓。」彼時臺灣「則有文身
番族,黑齒裔蠻。爛滿頭之花草,拖塞耳之木環。披短衣而抽籐作
帶,蒙鳥羽而編貝為綮。聞中國異人之戾止,乃跳石越澗以來觀。」
（《全臺賦校訂》頁4～5）既然是以忠信為舟,以道德為櫓,林氏
來臺之後當勉為教化,勿棄頑愚。

（四）「賦末頌揚」:「皇以菑之,於斯萬年。」（《全臺賦校訂》頁6）賦
末以頌揚國祚萬年作結。

林謙光以臺灣府學教授的身分,多有引述經典強化「王師」論述,以「文
德教化」與「王師論述」雙軌,締造頌揚「大一統」的書寫模式,對乾隆中
期養成的一批本土士子,其賦作強調「地方（文運）」結合「國家（聖世）」
的敘述結構,有極深遠的影響。

二、開創「鄭逆、王師與聖世」的敘事模式──以「治」為背景 的高拱乾〈臺灣賦〉

康熙三十五年（1696）高拱乾以「福建分巡臺廈道兼理學政」,臺灣地方
最高長官的身分纂修《臺灣府志》,並首開臺灣方志〈藝文志〉之例,在「賦」
目之下收錄林謙光與高拱乾兩篇〈臺灣賦〉,高氏〈臺灣賦〉集「治者、修志
者、作者」於一身,因此高氏〈臺灣賦〉必與臺灣府學教授林謙光之書寫模
式不同。

嗣是荷蘭煽虐,天贊成功。鹿門潮漲,鯤窟戍空。時移事去,兵盡
矢窮。竄餘生而歸國兮,遂此地為蛟宮。非天心之助逆兮,蓋劫運
之未終。（《全臺賦校訂》頁8）

不謂寇我疆場,焚我保聚。時乘無備而肆其鴟張,或因不虞而資其
竊取。收亡命於淮南兮,聚無良於水滸。民不聊生,王赫斯怒。咨
左右之夔龍,率東南之熊虎。定百計以安瀾兮,果一戰而納土。于
焉擴四千載之洪濛,建億萬年之都邑。風既變為新裁,俗亦除其舊
習。文武和衷,干戈載戢。誰肆志以行吟,豈有懷而靡及。（《全臺
賦校訂》頁8～9）

圍尺布之蒙蒙，謂衣裳之楚楚。蛇目蜂腰，雀行鳥語。而或蕩子從
軍，貞臣流寓。哭倒行於途窮，傷逆施於日暮。奮一臂而長呼，輕
餘生以不顧。（《全臺賦校訂》頁 10～11）

惟聖世而能破夫天荒兮，幸滄溟而亦拓其地軸。（《全臺賦校訂》頁
12）

高氏〈臺灣賦〉全文共 1283 字，較林氏〈臺灣賦〉略少，然而卻以較多的篇
幅批判荷蘭、鄭成功，建構出「鄭逆、王師與聖世」之敘事模式，其書寫策
略為：

（一）鄭氏作亂有其氣數：對於鄭氏的崛起，特別提出「天贊（天心）」，
「非天心之助逆兮，蓋刦運之未終」（《全臺賦校訂》頁 8）的論
點，取自鄭氏父、子、孫三代作亂有其氣數，此種論述明顯承自
鄭氏「草雞、大鯨」傳說。

（二）鄭氏作亂致使民不聊生：此「民」所指為在臺三種背景的人民：其
一是「蛇目蜂腰，雀行鳥語」的番人；其二「蕩子從軍」指明鄭軍
隊收編淮南地區的亡命徒眾、聚集無良蕩寇等；其三是「貞臣流寓」
指明遺忠臣。這三類人聚於島上，共通的處境為「哭倒行於途窮，
傷逆施於日暮。」（《全臺賦校訂》頁 10）此「逆」明顯指鄭氏。

（三）「王師」說：因民不聊生之故，「王赫斯怒。咨左右之夔龍，率東
南之熊虎。定百計以安瀾兮，果一戰而納土。」（《全臺賦校訂》
頁 9）承自清初所建構之孟子「王赫斯怒」、「爰整其旅」、「安天下
之民」等「王師」說。

（四）「聖世」說：「噫嘻！戶滿蔗漿兮，人藝五穀。地走風沙兮，群
遊麋鹿。……人無老幼兮，衣帛食肉。惟占籍而半為閩人兮，故
敦厚亦漸而成俗。……惟聖世而能破夫天荒兮，幸滄溟而亦拓其
地軸。」（《全臺賦校訂》頁 11～12）先述臺地之富庶，引用《孟
子‧梁惠王》「七十者可以食肉」襯托「聖世破天荒」的論述，
高賦刊於康熙三十五年（1696），此「聖世」意指自康熙二十三
年至三十五年，僅十餘年間即能破除臺灣荒涼景象，達成往聖孟
子王道仁政的聖世理想。

林氏賦與高氏賦同刊於康熙三十五年（1696）《臺灣府志‧藝文志》，雖
然林氏賦寫於康熙二十六年至三十年間，然而「鄭逆、王師」的書寫模式，

早於康熙二十三年（1684）《康熙福建通志臺灣府》已然建立：「（順治）十七年，鄭芝龍子成功孤軍廈門，退無所據，乃與甲螺何斌謀進取臺地。……成功舟抵鹿，耳水忽漲十餘丈，巨艦畢入。此非天之相逆，蓋將藉手以式廓我皇清無外之疆域也。……（康熙二十二年）皇上赫然震怒，指授方略，特簡靖海將軍施琅統帥舟師，六月專征。」〔註29〕其中「此非天之相逆，蓋將藉手以式廓我皇清無外之疆域」的說法，更為清代臺灣方志賦家所效法。

　　高拱乾〈臺灣賦〉極力描繪「鄭逆」形象，與誇飾「王師」之後所締造的「盛世、聖世」榮景，鋪張揚屬本為賦家風格，不過高氏卻將「醜鄭揚清」的誇飾寫法帶入自己所主編的《臺灣府志》中。陳捷先指出：

> 高《志》實在是由蔣《志》脫胎而來，很多記述都不如蔣《志》詳盡，尤其將鄭氏時代的若干資料刪省，更是缺失之處。
>
> 高《志》的問題，我個人以為重要的兩點：一是偏頗，一是錯誤。……高《志》既多以蔣志為底本而成書，卷八「人物志」「流寓」中所記明代遺老竟比蔣志的還少。其中缺漏沈光文尤為不該，因為沈光文來台最早，對學術思想上的影響也最大。……卷十「藝文志」中，刊載明代遺老的詩，僅有王忠孝的一首。〔註30〕

高拱乾以「廩生」出身而就任泉州知府，擢升為福建分巡臺廈道，「臺廈道」一職為臺灣建省前最高長官，兼管廈門與臺灣文武職官之大權，並兼理學政〔註31〕。高氏「臺廈道」任滿後再陞「浙江等處提刑按察使」，可謂青雲得路。今對照其賦作與纂修志書之態度，均迎合當時「王師」與「大一統」，以及淡化鄭氏在臺史實的論述政策，或許可以解釋高氏「廩生」出身而仕途平順之原由。

三、「王師」與「大一統」的敘事模式——以「軍」為背景的周澎〈平南賦〉

　　康熙二十二年（1683）周澎隨軍出征，事施琅帳下，片刻不離，翰墨盡出其手。之後周澎以康熙間施琅征臺史實為底本〔註32〕，潤色而成〈平南賦〉。

〔註29〕〔清〕金鋐主修，《康熙福建通志臺灣府》卷一《建置》，頁35、36。

〔註30〕陳捷先，《清代臺灣方志研究》（臺北：臺灣學生書局，1996年8月），頁50、52。

〔註31〕盛清沂，《第七章　清代之治臺》，林衡道，《臺灣史》（臺北市：眾文圖書，2004年12月），頁263。

〔註32〕王嘉弘編〈平南賦‧提要〉云：「周澎以施琅〈平南奏疏〉為底本，加上自己

臺灣方志第一篇賦作，若以實際創作的時間點而言很可能是周澎的〈平南賦〉。由於志書〈藝文志〉具有官方文學正典化的指導色彩〔註33〕，故仍以收錄方志〈藝文志〉之先後順序爲討論先後之依據。周澎有隨軍實戰之經驗，因此以宏侈之辭敷陳征戰場景、安撫一方百姓、宣揚聖澤遠播，爲該賦之最大特色。賦前有〈序〉，說明作賦原因：「〈平南奏疏〉一編，乃都人士家謠戶頌，積成卷軸也。雖里巷微詞，而輶軒足探。乃摭其事實而作賦」（《全臺賦校訂》頁 13～14）。全文 2128 字，其書寫策略，在「天下大一統」的前提下，完全依孟子的「王師」敘述結構行文：「王赫斯怒」、「爰整其旅」、「安天下之民」、「大旱望雲霓」、「簞食壺漿以迎王師」。

（一）「王赫斯怒」、「爰整其旅」

1. 「王師」征前，「蛟鯨」毒燄

> 緊帝德之光華，曰聖神而文武。耀化日於中天，颺仁風於率士。廣一廷之都俞，舞兩階之干羽。張百旅之熊羆，扶千屯之貙虎。六服率賓，萬方安堵。靡不稽首來王，輸寶天府。

> 惟是東南一帶，溟渤奧區。蛟鯨出沒，陸梁逋誅。依黿鼉以窟宅，聚蜃蛤而爲徒。乘風濤以鼓鬣，播毒燄於萑苻。長使海濱黔黎，毀家破室；《全臺賦校訂》頁 14）

周賦首先將「王師」征伐對象鎖定明鄭，並引述「大鯨」傳說，故其敘事模式，爲：先將清軍伐明鄭定位於「王師／蛟鯨」之「正／邪」的敘事結構中。其次以「帝德、聖神」說明「明亡清興」，乃「明君之德」與「王者天命」所

的潤色，作〈平南賦〉一文」，王嘉弘既云施琅翰墨盡出周澎之手，則〈平南奏疏〉很可能也由周氏撰就。此說詳見王嘉弘：〈平南賦・提要〉，許俊雅等主編，《全臺賦》，頁 55。

然經查《靖海記事》中所列施琅所陳奏疏，並無一篇名爲〈平南奏疏〉。唯〈弁言〉中有鄭開極〈平南行（有引）〉云「余時取而讀之。獨有平南奏疏一編，不覺拍案叫絕曰：『偉哉偉哉！將軍平南之功，久聞之而未知其詳如是也。將軍忠勇之名，久聞之而未知其實有如是也。是其可歌而可述者矣！』」，故「平南奏疏一編」乃指康熙間施琅征臺奏疏編爲《靖海記事》一書，而並非指施琅作〈平南賦〉。詳見：〔清〕鄭開極，〈平南行（有引）〉，〔清〕施琅，《靖海記事》《臺灣文獻叢刊》第 13 種（臺灣銀行經濟研究室編印，1957 年 10 月），頁 16。

〔註33〕 施懿琳，〈從《臺灣府志》〈藝文志〉看清領前期臺灣散文正典的生成〉，《臺灣文學學報》，第 4 期（2003 年 8 月），頁 1～36。

歸，猛將則「熊羆、貔虎」、政事則「君臣融洽」、對民則「文德教化」，於是萬方勢力均稽首臣服歸附。以抽象的「帝德、聖神」結合具體的「猛將、賢臣、善政」，合成大一統的盛清氣象圖。以此盛清氣象對比「鄭氏、蛟鯨」居黿鼉之地，聚蜃蛤等海物，其毒燄散播遍及濱海，導致百姓家破人亡。總之、周澎〈平南賦〉引「大鯨」傳說比喻鄭氏作亂必亡，其後臺志賦家多有從者。〔註34〕

2. 「王師」伐後，稟朔堯天

> 於是軍聲震，士氣騰。艨艟發，枹鼓鳴。搖赤羽，麾青萍。殲怪鱷，殪毒鯨。弓不虛發，矢必應聲。倒戈漂鹵，流血波頳。既獻俘而授馘，遂掃穴而犁庭。……匍匐蟻伏，稽首軍前。曰：「南人不復反，願稟朔於堯天。知聖朝之寬厚，必罔治於厥愆」。（《全臺賦校訂》頁16）

先以兩組三言對句，「於是軍聲震，士氣騰。艨艟發，枹鼓鳴。搖赤羽，麾青萍。殲怪鱷，殪毒鯨。」彷若軍樂之輕快節奏，描述戰事極其順利之過程。後接兩組四言對句，前一組形容清軍攻擊之準確，後一組形容鄭氏兵敗之慘狀。鄭克塽納土獻印伏於軍前，誓言臣服清廷，最終以聖朝德治之寬厚作結，預示「王師」伐後，堯天舜日的聖世即將到來。

（二）「安天下之民」、「大旱望雲霓」、「簞食壺漿以迎王師」

有關孟子「王師出征」的敘述結構爲：「安天下之民」、「大旱望雲霓」、「簞食壺漿以迎王師」。周澎完全按照此敘述結構行文：

> 若夫哀鴻失所，瑣尾堪憐。延頸企踵，霓望久懸。瞻王師之至止，胥雀躍而歡顏。陳壺漿而塞野，奉筐篚以周旋。桑麻無擾，井里依然。耕不輟耒，賈不易廛。相與脱釜鬵之苦，登袵席之安。（《全臺賦校訂》頁16）

全段主旨在於發揚百姓「大旱望雲霓」、「簞食壺漿以迎王師」之情景。內容則添加當時在臺各種背景的人民爲敘述結構，先後敷陳其事：1.明遺臣、將兵：「更有流離遷客、顦顇閨鬟，弔天涯之魂影，悲絕徼之風煙。盼征鴻而帛書難繫，吟夜月而笳拍空彈。望鄉關於萬里，長掩涕以流連。欣撥雲而見日，樂故土之生還。」（《全臺賦校訂》頁16～17）2.未漢化之原住民：「編之部曲。曰：『……化鷹眼以咸馴，各賣劍而買犢。……惟聖世之芳規，曠千春而並燭』。

〔註34〕如卓肇昌、林夢麟〈臺灣形勝賦〉亦從其說。

於是雕題貫胸之眾，燋齒梟瞷之倫。迴首請吏，願列編民。」（《全臺賦校訂》頁 17）這兩類在臺的百姓「明遺民、原住民」，在「王師」的敘述行文下，明遺「撥雲見日」終可回鄉，暗喻被鄭氏所迫之意；原住民「願列編民」，明示原住民臣服於聖人天命之驚人效果。

（三）改「天子之顏」為「天子之言」

前述孟子「王師」說之敘事模式，為：「王赫斯怒」、「爰整其旅」、「安天下之民」、「大旱望雲霓」、「簞食壺漿以迎王師」等依次進行，林、高二氏亦依此。但以「王赫斯怒」而言，如：林氏〈臺灣賦〉「帝赫厥怒，淵淵闐闐；」（《全臺賦校訂》頁 6）高氏〈臺灣賦〉「王赫斯怒。咨左右之夔龍，率東南之熊虎。」（《全臺賦校訂》頁 9），最大的共同點為「天子之怒」，但周氏〈平南賦〉在孟子「王師」說之敘事模式中，改「天子震怒之顏」為「天子征討之言」：

> 天子乃念南國之化離，每殷勤而宵旰。曰：「惟予股肱孰是，仗旄秉鉞，為海邦剪此暴亂。」……帝曰：「都，自江以南，倚女為屏翰。其克奏膚功，以靖此多難。」於是分虎竹，綰龍章。辭禁衛，出帝鄉。貔貅夾隊，魚麗成行。戈鋌的爍，旌斾飛揚。（《全臺賦校訂》頁 14～15）

天子念及南方未臣服於大清，故下令「為海邦剪此暴亂」、「其克奏膚功，以靖此多難」取《詩經·小雅·六月》中「薄伐玁狁，以奏膚公」之意，〈六月〉為周宣王伐玁狁、師捷慶功之詩，周宣王為周朝第十一代君王，史稱「中興之王」。又「帝曰：『都。……』」為《尚書》記載君臣對話之常用語，作者變化此詩，有將康熙帝比為周朝賢王。

連接兩組三言對句，呈顯將兵銜命出征，對伍之嚴整與士氣之昂揚。「貔貅夾隊，魚麗成行」代表「天界、神獸」與「人間、海魚」展現天人同心。神獸貔貅專門吸食妖魔精血，故以「神獸、海魚」受「帝德、聖神」感召而護衛御命出征之軍隊，展現「戈鋌的爍，旌斾飛揚」之必勝與威武形象。周澎此處雖未有如林謙光、高拱乾敷陳「王赫斯怒，爰整其旅」等征前的書寫方式，僅描述「天子之言」，又模擬《尚書》君臣對話，在典雅文字的書寫策略之下，「天子之怒」難以彰顯。不過「仗旄秉鉞，為海邦剪此暴亂」已有怒意，「其克奏膚功，以靖此多難」藉《詩經·六月》師捷慶功之詩句，更透露出只求成功不許失敗的至尊君令。創作之意層層包裹，隱藏天子情緒，筆法神奇！無愧為施琅幕下奏疏寫手！

四、以客觀史筆寫「鄭史」與「王師」——以「史」爲背景的王必昌〈臺灣賦〉

王必昌（1704～1788），乾隆十年（1745）進士，十六年（1751）受魯鼎梅之邀，來臺修《重修臺灣縣志》，是林謙光、高拱乾、周澎四人中，唯一一位進士及第者。經科舉考試之重重訓練，《重修臺灣縣志‧藝文志》中王氏所作之〈臺灣賦〉全文 2615 字，爲清代臺灣方志刊載賦作字數最多的一篇〔註35〕。王賦內容依志書之條目分段展開，如《重修臺灣縣志》之序文。尤爲特殊者，在「大一統」與重塑鄭氏之歷史定位中，我們發現王賦在描述「鄭成功」時與高、周二人不同。

（一）「鄭成功」之評價

王必昌以「修志者」之身分寫賦，故由荷治前之臺灣史寫起，曾一本、林道乾、顏思齊、鄭氏均以海盜聞名。鄭成功以一介書生抗清，曾拒絕順治十一年七月敕封「海澄公」之位，朝廷招安不成，故於方志中批爲「鄭逆」，附曾以「皁雞」作亂六十甲子、「大鯨」東歸即亡等毒害生靈、大數難逃等說。我們注意到：王必昌是前述四位賦家中科舉功名最高，地位偏低，賦文最長，卻可能也是敘述「鄭氏」最爲客觀的一位。

> 曾一本竊據於澎島，林道乾勾致夫倭奴。繼以思齊之嘯聚，荷蘭之詭圖。洎乎鄭氏，乃凌險而負嵎。建偽官，開方鎮，萃濱海之逃逋。因利乘便，順風長驅。陷七郡，破潮、粵；犯溫、台，掠東吳。毒燄所觸，沿海焦枯。熊蹲四世，虎視方隅。（《全臺賦校訂》頁 43）

王必昌著力描述鄭成功「建偽官，開方鎮，萃濱海之逃逋。因利乘便，順風長驅。陷七郡，破潮、粵；犯溫、台，掠東吳。」等撼動清廷政權之驚人事蹟。賦中雖然免不了「毒燄所觸，沿海焦枯」之語，此說乃延續周澎「乘風濤以鼓鬣，播毒燄於萑苻。長使海濱黔黎，毀家破室」的比喻。但竟以「熊蹲四世，虎視方隅」形容鄭氏四代，有趣的是，「熊、虎」在周澎賦中被喻爲「王師」猛將〔註36〕。總之王必昌並未承繼其嚴厲批鄭的書寫模式，而是客

〔註35〕 季麒光〈客問〉原稿全文有 2844 字，實爲現存清代臺灣賦作最長的一篇，但方志所刊已刪減一半僅存 1150 字。但若以「清代臺灣方志刊載賦作」的角度，則仍以王必昌〈臺灣賦〉字數最多。

〔註36〕 周澎，〈平南賦〉：「張百旅之熊羆，抶千屯之貙虎。」《全臺賦校訂》，頁 14。

觀的呈現史實〔註37〕。

（二）淡化「王師」說

王必昌〈臺灣賦〉作於乾隆十七年（1752），距離明鄭敗亡（1683）又過了一甲子。隨著時間的流逝，政局的穩定，逐漸降低批鄭的力道。不同於高氏以「治」、周氏以「軍」的筆法，王氏以客觀的史筆寫鄭史。既然不逆賊化「鄭氏」，自然「王師」說的筆法亦相對淡化。

> 維我仁廟，皇靈震疊。命將專征，克埌酋悟。遂按圖而設版，復定賦而計甲。闢四千載之方輿，安億萬姓於畚鍤。慶文教之誕敷，群入學而鼓篋。（《全臺賦校訂》頁43）

> 方今風會宏啟，聖治廣被。久道化成，百昌咸遂。海不揚波，地奠其位。馬圖器車，物華呈瑞，人傑應運而齊出矣。（《全臺賦校訂》頁47）

林光謙、高拱乾的「帝赫厥怒」、周勃的「天子之言」，均在「王赫斯怒，爰整其旅」、「安天下之民」的敘述脈絡之下。王必昌「皇靈震疊；命將專征」，以震動取代「厥怒」，又完全略去了威武軍容的敘述，快速的轉入「天下民安」的盛世脈絡中，賦末頌揚「聖治廣被」，期待臺灣本地「人傑應運齊出」作結。

五、「鄭逆」形象與孟子「王師」說之敘事模式分析

林謙光以臺灣首任府學教授的身分，代表「學」的立場，在大一統的架構下，結合「王師」與「文教」，打下國家萬年的基業。高拱乾以臺灣最高地方首長的身分，代表「治」的立場，同時亦纂修《臺灣府志》開創「鄭逆、王師」所形成之盛清書寫模式。周澎以隨施琅大軍時幕僚的身分，代表「軍」的立場，在「大一統」的論述架構下，完成臺灣賦中孟子「王師」說之敘事模式。王必昌以纂修《重修臺灣縣志》的身分，代表「史」的立場，不妖魔化鄭成功、淡化王師說的論述，以賦代志書之序，依書之條目內容分段展開。僅將前述四賦中「鄭逆」形象與孟子「王師」說之敘事模式，表列於下：

〔註37〕陳捷先也認為：王必昌的《重修臺灣縣志》僅有「引詩過多的缺陷」，「除此之外，王志別無可評，一般說來，這應該是一部條理清晰，敘事簡明的上乘方志。」詳參：陳捷先，《清代臺灣方志研究》（臺北：臺灣學生書局，1996年8月），頁114。

「鄭逆」形象與孟子「王師」說之敘事模式分項表

分項 作者	作者 身分	鄭逆	王赫 斯怒	爰整 其旅	安天下 之民	大旱望 雲霓	簞食壺漿 以迎王師	文德 教化	盛世 聖世	大一 統
林謙光	學	√	√	×	×	×	×	√	×	√
高拱乾	政	√	√	×	×	×	×	×	√	×
周　澎	軍	√	√	√	√	√	√	√	√	√
王必昌	史	×	×	√	×	×	×	√	√	√

　　描繪「鄭逆」形象之強烈程度與作者身分有關，如：高拱乾身爲與鄭氏
地緣極深之廈門、臺灣最高地方長官，纂修《臺灣府志》時完全去除方志中
明鄭的記載，明鄭遺臣詩作僅留一首。利用文學較大之想像空間，首創臺志
〈藝文志〉，以舖張揚厲的賦體，參酌朝廷意志，選擇、重組、重建有利統治
之歷史記憶，完整呈現賦中「鄭逆」形象。又周澎身爲施琅軍幕，參與平南
過程，康熙二十四年（1685）二月完稿之《靖海記事》收錄有周氏之〈平南
賦〉，爲彰顯「王師」安天下民之善，故引大鯨傳說以誇大「鄭逆」之惡。因
此若從合理化之「創作動機」來看高、周二人對於賦作中凸顯「鄭逆」形象，
意欲藉此強調清廷政權乃奉天承運，乃是爲了「治理」上的便利性與「軍事」
行爲上的合理性，那麼「適度的修正」鄭成功的形象，符合統治利益。許多
歷史學者因此提出：

> 歷史是在特定的社會情況下人們對過去（社會記憶）的選擇、重組
> 與重建。歷史作爲一群人的集體記憶，其所反映的與「過去的事實」
> 常有相當的差距。
>
> 爲了解釋現實的情勢而產生的集體記憶不只是選擇性的、詮釋性
> 的，而且也經常是扭曲的。〔註38〕

王明珂以爲在執政利益的思維下，所謂歷史的詮釋，往往是以統治者的最大
利益爲前題，因此與「過去的事實」有相當的差距。詮釋後的歷史，往往是
選擇性、詮釋性，也經常是扭曲的。比較起歷史的客觀性，文學更具主觀性
與想像性，尤其賦家又同時參與志書的修定，掌握臺灣〈藝文志〉的發言權。
以修志者兼賦家的身分，呈送到以賦取士的天子眼前，如康熙年間吳兆騫作

〔註38〕 王明珂，〈集體歷史記憶與族群認同〉，《當代》第91期（1993年11月1日），
　　　　頁11。

〈長白山賦〉得天子賞識，確實可能爲自己的仕途鋪設更平坦的道路，因此高、周二人賦作確實帶有強烈之仕進企圖。而高拱乾以廩生出身，竟能成爲廈門、臺灣最高地方長官，一路青雲得志。又王必昌以進士出身，卻甘於來臺修志，兩相對照可見兩種「寓志於賦」之分別。

第三節　臺籍賦家「鄭逆與王師」之運用

　　清廷爲了統治上的便利，康熙二十六年（1687）任命府學教授抵臺施行教化，開科取士。但彼時臺灣人口結構原住民多於漢民，加上氣候良好適合稻種，漢民或平埔族民生活容易，臺民不易產生投身科舉向學之心，導致本土士子養成不易，直到康熙五十八年（1793）才有臺籍李欽文參與纂修《鳳山縣志》，〈藝文志〉開始收錄臺籍士子賦作。歷經朝廷三十五年來「鄭逆」形象傳播，加上「王師」說重塑歷史記憶，朝廷意旨對臺籍賦家影響如何？本文將由康熙五十八年（1793）志書所收錄的第一位臺籍賦家李欽文開始，執「淡化鄭清對抗——李欽文〈紅毛城賦〉、〈赤嵌城賦〉」、「簡化鄭清對抗——陳輝〈臺海賦〉、卓肇昌〈臺灣形勝賦〉、林夢麟〈臺灣形勝賦〉」、「總結臺籍賦家作品之『鄭逆』形象」三端，依次論述臺籍賦家對「鄭逆與王師」說之運用研究。

一、淡化鄭清對抗——李欽文〈紅毛城賦〉、〈赤嵌城賦〉

　　康熙五十七年（1718）鳳山知縣李丕煜修葺安平紅毛城，當時鳳山縣學廩膳生員李欽文撰〈紅毛城賦〉頌揚此事，合理推斷〈紅毛城賦〉寫作時間應在康熙五十七年至五十八年間。紅毛城歷經荷蘭、明鄭、清領三代，〈紅毛城賦〉既爲頌揚知縣政績，寫法可能參酌宦臺賦家四篇「鄭清對抗」的賦寫主軸。比對宦臺賦家四篇與〈紅毛城賦〉，〈紅〉賦以客觀視角肯定荷蘭築城：如「相厥土壤，築城荒陲。繚以磚垣，層層纍纍。」（《全臺賦校訂》頁20）〈赤嵌城賦〉中「埋磚運木，層積寸累。雉堞玲瓏，樓閣閎邃。稱銖兩以結構，極佶曲而精緻。瞭亭則左右環矚，螺梯則高低互掎。暨風洞與機井，若鬼設而神施。」（《全臺賦校訂》頁23）美稱之辭遠較批評爲多，又二賦書寫鄭氏在臺經營敘事也雷同，映現李氏二賦敘事視角迥異於前述宦臺賦家作品。

（一）以「假手開創」敘述荷、鄭治臺

清代臺灣史料文獻最早記載「天實假手以開創」之說，是康熙二十三年（1684）金鋐主修之《康熙福建通志臺灣府》「此非天之相逆，蓋將藉手以式廓我皇清無外之疆域也。」〔註39〕，李欽文繼承此說：

> 天實假手以開創，夫何羨乎紅彝！
>
> 詎知造物有意，復假手於鄭氏，而開天家之澤國。（〈紅毛城賦〉，《全臺賦校訂》頁 20）
>
> 暨風洞與機井，若鬼設而神施。天將假手以開創，故若不限其巧智。
>
> （〈赤嵌城賦〉，《全臺賦校訂》頁 23）

李氏二賦以「上天假手」美稱荷蘭巧智築城、鄭氏開闢。「上天假手」之論述模式，後繼者有乾隆間生員林夢麟撰〈臺灣形勝賦〉：「迨假手於僞鄭，遂立國而成澤」（《全臺賦校訂》頁 77）。

（二）以「治臺政績」取代「批鄭敘事」

鄭清對抗之初，先以「海澄公靖海將軍」封賞利誘鄭成功，鄭氏斷然拒絕後，轉而於官方文書塑造「逆賊」形象。前述林、高、周、王四氏代表官方意識，套用「鄭逆、王師」之敘事模式，官方意識代表不可違逆的朝廷意志，即使是四氏中最客觀的王必昌，也以「毒燄所觸，沿海焦枯」之語，評述鄭成功。相較之下臺籍生員李欽文〈紅毛城賦〉更加淡化「批鄭」敘事：

> 至若成功敗績，因甲螺而竄於異域。虎勢方張，狐威頓息。鵲窠竟為鳩居，荷蘭遂歸故籍。於焉修營壘，繕金革。列市肆，分庶職。闢土地於榛蕪，聚卒徒而力穡。宮殿兮巍峨，舳艫兮山積。彼將設險為負嵎，自誇不世之良畫。詎知造物有意，復假手於鄭氏，而開天家之澤國。
>
> 爾乃王師丕振，命將專征。……旌旗所指，山瀆效靈。澎湖奏捷，鄭氏輸誠。（〈紅毛城賦〉，《全臺賦校訂》頁 20）

〈紅毛城賦〉僅以「鵲窠竟為鳩居」極淡化鄭氏之負面敘事，幾乎不見批判力道，甚至鄭氏治臺政績有「宮殿兮巍峨，舳艫兮山積。彼將設險為負嵎，自誇不世之良畫」之美稱。高拱乾、周澎二氏分別以「民不聊生，王赫厥怒」（《全臺賦校訂》頁 9）、「播毒燄於萑苻。長使海濱黔黎，毀家破室」（《全臺

〔註39〕　〔清〕金鋐主修，〈建置〉，《康熙福建通志臺灣府》，頁 35。

賦校訂》頁 14）作爲鄭逆作亂，王師出兵之正當性，然而李欽文〈紅毛城賦〉僅云「詎知造物有意，復假手於鄭氏，而開天家之澤國。」下接「爾乃王師丕振，命將專征。」似乎難以引發讀者對王師出兵正當性之認同。該賦末段「天威遠屆，聖德汪洋。……熙熙皞皞兮，願頌億萬年於無疆。」以頌辭作爲形式意義上的結尾，因此在「盛世」的書寫上，確實與其他賦作相同，由現代視角檢視〈紅毛城賦〉鄭氏敘事頗爲客觀。

> 迨夫成功竄跡，圖霸異域。虎勢轉張，狐威頓息。鵲巢竟爲鳩居，兔窟遂作黿宅。於焉修營壘，繕金革。列市肆，分偽職。……每犯順而負嵎，肆跳梁於澤國。
>
> 爾乃天威震疊，命將專征。艨艟啣接，鉦鼓喧鈞。旌旗所指，海若效靈。澎湖奏捷，克埌輸誠。……謹斥堠，嚴戍卒。飭遊巡，申紀律。麾龍旂兮掃蛟宮，駐鯤身兮靖鯨窟。（〈赤嵌城賦〉，《全臺賦校訂》頁 23）

〈赤嵌城賦〉在「批鄭」書寫上，較〈紅毛城賦〉強烈，如〈赤〉賦將鄭比喻爲「肆跳梁於澤國」之丑角，另在澎湖奏捷，大軍「謹斥堠，嚴戍卒。飭遊巡，申紀律」。清軍駐臺之後，以「掃蛟宮、靖鯨窟」作爲鄭氏敗亡之比喻，「蛟鯨」之說同於周澎〈平南賦〉「東南一帶，溟渤奧區，蛟鯨出沒，陸梁逋誅。」周氏之喻又源於《臺灣志略》卷二《叢談》「大鯨」傳說。總之，李欽文〈赤嵌城賦〉雖然肯定鄭氏治臺功效，但仍不免受到朝廷重塑鄭成功形象之影響。

二、肯定鄭氏、簡化對抗敘事

（一）肯定鄭氏文教──陳輝〈臺海賦〉

陳輝，清乾隆三年（1738）舉人，所作〈臺海賦〉收錄於乾隆十七年（1752）王必昌纂修之《重修臺灣縣志・藝文志》：

> 東寧啓宇，鄒魯成風。……。既車書之一統，何彼界與此疆。……冒巨險以往來，仗忠信而無偽。值鯨波之不作兮，識放勳之廣被。……告飛廉以先驅兮，吾將展宗愨之素志。果舟楫之具備兮，若濟巨川，自今以始。（《全臺賦校訂》頁 39～40）

永曆十五年（1661）五月二日，鄭成功驅逐荷蘭，改臺灣爲東都，永曆十八年（1664）八月，改東都爲東寧。「東寧啓宇，鄒魯成風」即肯定鄭氏教化臺

灣爲鄒魯之地，又以「既車書之一統，何彼界與此疆」意指中原人士有分別臺灣之意，其實臺灣自雍正七年（1729）開始，於閩省另編臺字號，取中舉人一名。雍正十三年（1735），復准加中一名。〔註40〕以軫恤臺灣遠隔重洋，應試士子往返維艱，格外加恩。科舉考試嘔心瀝血，故此「閩省另編臺字號」一舉，不免引起他省試子不平之心，或者因臺籍舉人出身而遭受另眼對待，因此陳輝在「大一統」的論述下有「彼界／此疆」之慨歎。看似爲臺灣不平、肯定鄭氏文教治理的陳輝，但也不免有「鯨波不作」，引「大鯨」傳說比喻如今四海昇平。又陳輝亦以「冒巨險以往來，仗忠信而無僞。」上承臺灣首任府學教授林謙光「乃以忠信爲舟，以道德爲櫓」的寫法，作爲一展素志之動力。在方志〈藝文志〉中一片頌揚盛世聲中，陳輝以「吾將展宗愨之素志」，即「素志」取代「盛世」，別具風格。

（二）簡化「僞鄭、王師、大一統、盛世」──卓肇昌〈臺灣形勝賦〉

宦臺賦家首創以孟子「王師」說之「王赫斯怒」、「愛整其旅」、「安天下之民」、「大旱望雲霓」、「簞食壺漿以迎王師」依次論述，作爲王師（清廷）掃蕩逆賊（鄭氏）的賦體敘事。此敘事次序或者前後順序不同，敘事結構則大同小異，臺籍賦家中卓肇昌〈臺灣形勝賦〉與林夢麟〈臺灣形勝賦〉，則簡化此「王師」敘事模式。

卓肇昌爲乾隆十五年（1750）舉人，因分修《重修鳳山縣志》的機會，於《重修鳳山縣志》收錄〈臺灣形勝賦〉、〈鼓山賦〉、〈鳳山賦〉、〈三山賦〉、〈龍目井泉賦〉、〈莿桐花賦〉六篇賦作，爲目前臺灣方志〈藝文志〉收錄個人賦作最多的一位。其中〈臺灣形勝賦〉專寫臺灣「地理形勢」之壯闊險要，後繼臺籍賦家有林夢麟〈臺灣形勝賦〉、章甫〈臺陽形勝賦〉，由於章氏〈臺陽形勝賦〉並未被方志〈藝文志〉所收錄，不在志賦論述範圍，故暫不予討論。

卓賦全文 787 字，含自注共 1378 字，在論述臺灣形勝之前，先述其歷史：

> 荷蘭一皮，曾揮金而請借〔註41〕。開疆闢土，繄僞鄭爲先驅；奇域巨觀，實聖朝之憑藉。小醜魂飛，波鯨夢怕。垂一統於車書，沐無邊之德化。（《全臺賦校訂》頁 57）

〔註40〕部覆福建陸路提督張雲翼題〈題請會試額中部覆疏〉，詳見：〔清〕劉良璧纂輯，〈藝文志〉，《重修福建臺灣府志》（下），頁 686。

〔註41〕作者自注：「荷蘭借一牛皮之地，千金與之」。

大約所有賦篇溯及荷治時期，不免提及荷人以詐術向原住民借地一事。卓賦本文僅 787 字，因此在「鄭逆、王師、大一統、盛世」的論述上相當的簡化、緊湊。批鄭敘事，先有「僞鄭先驅」、後有「小醜魂飛」之說，「小醜」承自康熙二十二年（1683）林謙光「即跳梁以據險，終痛悔其負嵎」、康熙五十八年（1719）李欽文「每犯順而負嵎，肆跳梁於澤國。」繼「小醜魂飛」之後「波鯨夢怕」顯然是取自「鄭成功、大鯨」傳說。〈臺灣形勝賦〉以「化日普照，聖澤無涯」爲韻，於賦末照例亦有「知天造之奧區，俟繼離之明聖」等盛世頌揚書寫，以爲首尾呼應。

（三）再簡化「僞鄭、盛世」——林夢麟〈臺灣形勝賦〉

林夢麟爲乾隆間生員，因校對《重修鳳山縣志》的機會，《重修鳳山縣志》〈藝文志〉收錄林氏〈臺灣形勝賦〉。林氏〈臺灣形勝賦〉全文 736 字，較卓氏〈臺灣形勝賦〉更短，林氏〈臺灣形勝賦〉「僞鄭、王師、大一統、盛世」之批鄭述事，因此更簡化爲「僞鄭、盛世」的書寫內容。不同於其他賦家將「鄭清對決」書寫於篇首，順筆帶出王師聖澤、勇將無邊的論述模式，此賦僅以「倭寇營巢，荷蘭托跡。迨假手於僞鄭，遂立國而成澤。」（《全臺賦校訂》頁 77）帶過荷、鄭治臺史。結尾「鄒魯文風，望甄陶於繼起；唐虞化日，願頌祝於靡涯。」（同上）篇末奏雅與其他賦家讚頌王朝的書寫手法大同小異。

三、總結臺籍賦家作品之「鄭逆」形象

總結清代臺灣方志中臺籍賦作之「批鄭敘事」，茲將「鄭逆」形象表列如下：

臺籍賦家作品之「鄭逆」形象分項表

分項 作者	篇名	評價荷蘭	形容鄭氏	肯定鄭氏	盛世
李欽文	紅毛城賦	肯定築城	鄭氏	治理	√
李欽文	赤嵌城賦	肯定築城	跳梁、鯨	治理	√
張從政	臺山賦	×	鯨	教化	×
陳　輝	臺海賦	×	東寧	文教	×
林萃岡	秋牡丹賦	×	×	×	×

卓肇昌	臺灣形勝賦	否定荷治	偽鄭、小醜	×	√
卓肇昌	鼓山賦	×	×	×	×
卓肇昌	鳳山賦	×	×	×	×
卓肇昌	三山賦	×	×	×	×
卓肇昌	龍目井泉賦	×	×	×	×
卓肇昌	莿桐花賦	×	×	×	×
林夢麟	臺灣形勝賦	托跡	偽鄭	×	×
陳洪圭	秀峰塔賦	×	×	×	×
黃學海	龜山賦	×	×	×	×

　　清代臺灣方志中臺籍賦家作品之「鄭逆」形象，多書寫於臺灣史「鄭清對抗」敘事中。至於詠物主題，如〈秋牡丹賦〉、〈莿桐花賦〉；或地區性之、〈鼓山賦〉、〈鳳山賦〉、〈三山賦〉、〈龍目井泉賦〉、〈秀峰塔賦〉、〈龜山賦〉等，因無涉開臺史不必提及「鄭清對抗」，自然沒有「批鄭敘事」。至於具「學、治、軍、史」等背景之宦臺官員，多配合「大一統」的朝廷政策，故其賦作多在「鄭逆、王師與盛世（聖世）」之論述架構下，撰寫清廷治臺之前臺灣史之賦作內容。同樣在方志〈藝文志〉的收錄下，臺籍賦家展現肯定荷蘭築城之功、鄭氏文教之風，雖然不免有批鄭之處，但所費筆墨甚少，往往與肯定並陳，甚至美稱之處較批判之語還多，似乎批鄭已流於形式。至於賦末頌揚清廷聖世的筆法，臺籍賦家與宦臺賦家的寫法一致，甚至沒有「鄭逆、王師」的書寫模式者，亦於賦末亦多有此筆法。

第五章　以賦取士——試賦形成之原因與背景

　　賦以雄誇藻飾，繁類成艷之書寫風格，結合押韻、對仗與句法之文體特色，成為賦家騁才炫學的文學載體。《北齊書・魏收傳》云：「會須作賦，始成大才士。」而賦之博識特質亦成為歷代取才的憑藉，並於唐代成為科舉考試科目，考試的公平性與有限的閱卷時間裏，又逐漸發展成「新巧以製題，險難以立韻。課以四聲之切，幅以八韻之凡。……然後銖量寸度，與帖括同科；夏課秋卷，將揣摹共術矣。」〔註 1〕的律賦，「使進士之『顯』與詩賦之『盛』相得益彰」〔註 2〕。明代借鑑律賦形式以「八股」取士，清代以少數滿人統治多數漢人，統治者入主中原之初，就意識得以科舉制度籠絡士人，下詔定于順治二年（1645）秋八月舉行鄉試，三年（1646）春二月舉行會試，沿襲明制，定期施行科舉取士。〔註 3〕

　　康熙帝學唐制，以格律化的律賦，選用經史典籍的文句為題韻，全篇依題韻為句，依韻分段，士子需練就穿穴經史的功夫，以符合嚴密的程式規範。康熙十八年（1679）開博學鴻詞科，試題為〈璇璣玉衡賦〉一篇，及五言排律二十韻一首。此後康熙帝為全面推行士子習賦，乃命詞臣廣搜博探，翰林

〔註 1〕　〔清〕孫梅，《四六叢話》，收入王水照編，《歷代文話》第 5 冊（上海市：復旦大學出版社，2007 年），頁 4309～4310。

〔註 2〕　許結，《中國賦學歷史與批評》（南京市：江蘇教育出版社，2001 年 7 月），頁152。

〔註 3〕　李兵等，〈清初文教政策與書院科舉化關係論略〉，《大學教育科學》第 4 期（2005年），頁 89。

院侍讀學士陳元龍奉敕編纂彙集，自周迄明，集賦篇近四千篇，一百八十八卷，康熙四十五年（1706）並親自作序，刊刻成書，稱《御定歷代賦彙》。從此書院課生、童生院試、翰林館選皆有律賦科目，文風丕變。

　　律賦占臺灣賦作總量的一半以上〔註4〕，時空上橫跨清領、日治。本章以「試賦」作爲清代臺灣「律賦」總稱有兩個原因：首先，施行科舉制度而產生「律賦」是時代的特色，以臺灣賦的發展而言，第一階段志賦因《大清一統志》纂修需求，內容多以臺灣之地理風情爲主。第二階段因科舉考試，士人競相投入撰寫律賦，結合四書文往清眞雅正、宗唐的風格發展，以至於上自官方選編之賦集（如現存的《瀛洲校士錄》），下至個人賦集（如洪繻《寄鶴齋駢文補遺（卷下）》），賦作內容難以呈現臺灣的人、事、時、地、物。這樣的發展，與第一階段志賦作家沈光文、季麒光所開創之踏察、紀實風格有極大的歧異，顯然這是整個科舉時代風氣所導致。其次，清代臺灣律賦大量產生的主因在於士人投入科舉〔註5〕，然而乙未之變科舉中止，許多接受完整應舉教育之前清士子，進入日治之後仍延續創作律賦不輟，目前所見之日治時期臺灣鸞賦與報刊賦，以限韻的律賦爲多〔註6〕，顯然「以賦取士」政策占臺灣賦三階段發展之影響最爲深遠。爲了充分說明此階段賦學發展空間，並與臺灣賦第一階段「志賦」相呼應，故以「試賦」作爲「朝廷推行科舉而產生之大量律賦作品」之總稱。

　　臺灣賦史第一階段志書〈藝文志〉收錄之志賦，較具臺灣地理風土色彩，吸引較多研究者投入。第二階段試賦，目前的研究成果遠不如志賦之研究成

〔註4〕　目前出版清代臺灣賦的總集中，有《全臺賦》與《臺灣賦集》二種版本，《全臺賦》（含《全臺賦影像集》），收賦208篇，其中律賦占128篇；《臺灣賦集》收賦230篇，律賦占144篇，二書所錄律賦均占臺灣賦作一半。又2014年出版的《全臺賦補遺》律賦亦占全書賦作一半以上。

〔註5〕　許俊雅《全臺賦‧導論》認爲：「康、雍時期臺灣賦大多爲綜合描寫臺灣風土，乾隆時期則有不少賦作爲形勝賦。……嘉慶、道光之後，臺灣文風隨著教育的日漸普及，臺灣本土文人興起，科舉律賦的寫作風氣普遍，鄭用錫、曹敬、施瓊芳、丘逢甲、洪棄生等人的若干賦作，即是在這種科舉風氣下所產生的作品，……文人大量創作的科舉賦已成爲這時期臺灣賦的主流……。」詳見：許俊雅、吳福助主編，《全臺賦》（臺南：國家臺灣文學館籌備處，2006年12月），頁42。又詹杭倫亦主張：「臺灣賦大部分是律賦……，因此他主張臺灣賦的分期除了歷史的角度，另須加入『科舉因素』。」詳見：黃哲永、吳福助主編，《臺灣賦集‧提要》（臺中市：文听閣圖書，2007年）。

〔註6〕　詳見：附表二〈目前所見日治時期臺灣報刊雜誌賦列表〉、附表三〈目前所見日治時期臺灣鸞賦列表〉。

果豐碩，因此特闢專章論述試賦形成的原因與背景，以映現：清代官方之文教政策、書院教育之養成、臺籍士子之仕宦空間、應考意願等等因素，如何影響清代臺灣試賦的整體發展。科舉考試於臺灣之施行，歷經明鄭時期（1661～1683）的「建設」，施琅的「破壞」，再到周昌的「重建」三個時期。若非施琅的「破壞」，則二十年來生於斯、長於斯的明遺童生、生員，將為清初「賦寫」臺地的最佳作者群，顯然清代治臺文教政策對文學創作有決定性的影響，本章第一節以「**文教政策與試賦發展**」論述之。政策為綱領，府學為科舉考試的執行單位，書院為士子試賦之培養所。由清代臺灣方志記載，君王直接下達拔文取士的內容、流行的賦集版本、諸生的賦作功課、巡臺御史對臺生賦作的評論等，皆可探索試賦之養成歷程，故第二節以「**書院對試賦教育的養成**」論述之。根據謝浩的統計清代臺灣文進士三十一位、舉人三百三十六位〔註7〕，舉人數十倍於進士數，此與朝廷對鄉試階段設有臺籍保障名額、臺士應試心態以及臺籍官員之仕宦空間有關，故於第三節以「**科舉仕宦與試賦創作**」論述之。

第一節　文教政策與試賦發展

明鄭時期（1661～1683）總計在臺二十二年，兵馬倥傯之際隨軍而來之大批文人亦深耕臺灣。永曆二十年（1666）孔廟落成並設置太學招收學生〔註8〕，初期太學學生多為明宗室遺臣將官之子。二十餘年這批生於斯、長於斯之童生、生員，本為書寫臺地最佳作者。永曆三十七年、康熙二十二年（1683）滿清藉武力消滅明鄭在臺勢力，施琅為了永絕後患，將明鄭遺臣兵員等盡數移回內地〔註9〕，施琅所移除者不僅是明鄭勢力，還有好不容易成形之漢化社

〔註7〕　謝浩，《科舉論叢》（南投：臺灣省文獻委員會，1995年10月），頁584。

〔註8〕　明永曆20年（1665年）鄭經採陳永華之議「建聖廟、設學校以收人才」，「定兩州三年兩試，照科歲例開儒童。州試有名送府，府試有名送院，院試取中准入太學，仍按月月課。三年取中式者，補六官內都事，擢用陞轉」詳見：〔清〕江日昇，《臺灣外紀》，《臺灣文獻叢刊》第60種（臺北：臺灣銀行經濟研究室，1960年2月），頁236。

〔註9〕　「從前投誠官兵，屢有反側，皆安插外省，所以解散而消彌也。……一面派撥船隻，將各官陸續載入內地。……，其偏卒願歸農者；則聽其歸農；願逐伍者，則暫撥在從征各鎮、營逐伍。……鄭克塽等納土歸附，並其親族與劉國軒、馮錫範等皆遵旨進京，明宗室朱桓等移就山東、河南安插。是臺灣之窠穴已破，根株已盡，可保其永無後患。」詳見：施琅，〈移動不如安靜疏〉，

會〔註10〕。待康熙二十三年（1684）首任官員抵臺時，舉目所見，「一望蓁茅，村墟蕭散，民襤而貧，地疏而曠。所隸土番，皆文頭雕題，鳩形鵠面，重譯而始通一語。」〔註11〕官員久居漢化已深之中原，初抵臺赴任即以施行教化爲當務之急。康熙二十五（1686）年，福建分巡臺灣廈門兵備道周昌因此上呈〈詳請開科考試文〉公移：

> 看得風俗之原，由於教化，學校之設，所以明倫。臺灣既入版圖，若不講詩書、明禮義，何以正人心而善風俗也？本道自履後，竊見僞進生員猶勤藜火，俊秀子弟亦樂絃誦。〔註12〕士爲四民之首，正可藉此以化頑之風，而成雍熙之治。

> 憲臺與道憲之請建學校、行考校，誠審乎教養之根本，爲海天第一要務也，……〔註13〕

「僞進生員猶勤藜火，俊秀子弟亦樂絃誦。」清廷以明鄭在臺設立之制度爲「僞」，僞進生員即指明鄭時期錄取之生員、秀才，周昌考核這些生員及一般子弟都有不錯的表現，以此爲基礎提出建學校、行考校，爲優先的治理要務。事實證明周昌所言並不符合當時實情，檢視方志當時人口結構原住民多於漢人、況且因氣候宜人、農獲頗豐，人民參與科舉考試的意願不高。然而朝廷爲了政權「大一統」及「治理」的便利性，仍接納周昌之議，以建學校、行考校，爲治臺第一要務。康熙二十六年（1687），首任府學教授林謙光抵臺，同年開科取士，展開積極的文教政策，對於賦史第二階段的試賦發展有決定性的影響。

《臺灣史料集成・明清臺灣檔案彙編》第 2 輯第 9 冊（臺北市：遠流，2006年 8 月），頁 44、45。

〔註10〕 「延平王國已經奠定了『儒漢文化』移植臺灣的基礎。」尹章義，〈臺灣↔福建↔京師——「科舉社羣」對於臺灣開發以及臺灣與大陸關係之影響〉，《臺灣開發史研究》（臺北：聯經，1989 年 12 月），頁 533。

〔註11〕 〔清〕季麒光，〈華蒼崖傳〉，李祖基點校，《蓉洲文稿選輯》（香港：香港人民，2006 年 1 月），頁 126。

〔註12〕 「崇建學校之宜議也。從來士居民首，爲詩書禮讓之原，不可不優崇而鼓舞之。今臺灣自道府蒞任以來，即搜羅僞時業儒之人，試以文藝，行見士類可風矣。」〔清〕季麒光，〈條陳臺灣事宜文〉，〔清〕王禮主修，《藝文志》，《臺灣縣志》（臺北：文建會，2005 年 6 月），頁 293。

〔註13〕 〔清〕周昌，〈詳請開科考試文〉，《藝文志》，《臺灣府志》（臺北：文建會，2004 年 11 月），頁 396、397。

一、科考名額與寄、冒籍政策

（一）爭取科考名額

康熙二十三年（1684）首任諸羅縣令季麒光認爲漢人多集中於府城，因此轄下諸羅縣境內原住民多文項雕題，鳩形鵠面，重譯而始能互通語言。即便人口結構不利於漢文教化，季氏仍以「設校治學」爲治理良策：

> 不崇學校無以敦絃誦，不行考試無以勵功名；則學宮與學官不可不設也，進學之額不可不定也，廩膳序貢之例不可不行也。且通省學政，未便涉洋臨試，而生童亦難使之往返波濤；請歸臺灣本道，如廣東瓊州之例可也。既有儒生，自當送試省闈，請另編號中式，如遼東宣府之例可也。如此，則教育作興，菁莪棫樸之休，庶幾可望於東寧僻壤矣。〔註14〕

人口結構不利於漢文教化、科舉成效不彰，季氏最先提出「另編中式」的因應之道，即對臺生的保障名額，希望借此實質的科舉成果，提高宦臺政績。繼之者，有康熙二十五（1686）年由福建分巡臺灣廈門兵備道周昌上呈〈詳請開科考試文〉：

> 臺灣府與臺、鳳、諸三縣，應各設一儒學，府學應設教授一員、訓導一員，各縣每學應設教諭一員、訓導一員。內地蕞爾小邑，教職俱經全設，車書一統，應無異同。科、歲兩試，取進文武童生，府學二十名，此直省各府一定之額，固不緣府分之大小而有增減也。臺灣縣係附郭首邑，照大學例取進生員十五名；鳳山、諸羅，照中學例取進生員十二名。廩、增、附之分別一如內地，逐年考試註冊；廩、增二項，亦照學定額。〔註15〕

又康熙二十六年（1687）四月，福建陸路提督張雲翼〈題請另編額中部覆疏〉：

> 臺灣新經歸附，文教初開，應將臺灣一府三縣生員等，亦照甘肅、寧夏例，另編字號，額外取中舉人一名，以鼓勵士子。〔註16〕

〔註14〕〔清〕季麒光，〈條陳臺灣事宜文〉，〔清〕王禮主修，《藝文志》，《臺灣縣志》（臺北：文建會，2005 年 6 月），頁 293～4。

〔註15〕〔清〕高拱乾纂輯，《臺灣府志》（臺北：文建會，2004 年 11 月），頁 398。

〔註16〕〔清〕劉良璧纂輯，《藝文志》，《重修福建臺灣府志》（下）（臺北：文建會，2005 年 6 月），頁 684。

周昌認為即使是內地蕞爾小邑，教職俱經全設，今諸羅、鳳山二縣雖漢人極少，多為葛天氏之原民，漢化不足。但普天之下莫非王土，既已車書一統，內地臺地，應無異同。康熙二十六年在臺施行科舉考試，鳳山、諸羅二縣，以中學比例取進生員十二名，廩生、增生、附生之員額皆一如內地。於漢化未深的臺灣，比照內地員額，顯然以臺籍（尤其是鳳山、諸羅二縣）身分應考較內地容易。宦臺官員以內地士子熱衷參與科考之心情，惴度臺生，期許以此善政教化原住民，化東寧僻壤為菁莪茂林。

　　以「另編中式」確保臺生名額政策，施行九年以來臺地子民成效不彰，康熙三十五年（1696），福建分巡臺廈道兼理學政高拱乾於〈初至臺灣曉諭兵民示〉說明其中原由：

> 臺灣地氣和煖，無胼手胝足之勞，而禾易長畝，較內地之終歲勤者，其勞逸大異，此臺農之足樂也。……<u>讀書之子，特設臺額，獲登賢書，較內地之人多額少者，其難易不同，此臺士之足樂也</u>；至於歲、科兩試，本道惟有矢公矢慎，以仰副皇仁培養至意，決不使有遺珠之歎。生聚既繁，教育日殷，昔屬蠻邦，今為樂土；爾等亦回思鄭氏竊踞時，農盡驅而衝鋒，士盡驅而冒鏑，能有如是之煖衣飽食、敦詩說禮者乎？〔註17〕

高氏以臺灣地氣和暖，種稻一年三熟，謀生容易，生聚日繁，又科考特設臺額，較內地容易，故高氏認為朝廷開科取士，可以化蠻邦為樂土。朝廷雖然給予諸羅、鳳山二縣生員十二名，廩、增、附生員額一如內地，但原住民為多的二縣，科舉制度成效如何呢？高拱乾於〈治臺議〉又云：「查諸羅縣……，鳳山縣……二縣土番雖具人形，皆蓬頭裸體，以幅布遮身、稻草束髮。」〔註18〕可見自科舉制度施行以來，未能達成漢化原民的目的。

　　諸羅、鳳山二縣原住民既無讀書應舉之需求，內地士子多而中舉員額少，因此「臺字號」的保障名額，不啻為閩、粵子弟大開寄籍頂替之門。從此閩、粵子弟多寄冒臺籍，以圖功名，此弊眾人皆知，如康熙三十六年（1697），郁永河來台採硫，著有《裨海紀遊》一書，書中提及「臺灣縣即府治，東西廣五十里，南北袤四十里，鎮、道、府、廳暨諸、鳳兩縣衙署、學宮、市廛及

<hr />

〔註17〕〔清〕高拱乾纂輯，《臺灣府志》（臺北：文建會，2004 年 11 月），頁 406。
〔註18〕〔清〕高拱乾纂輯，《臺灣府志》（臺北：文建會，2004 年 11 月），頁 404。

內地寄籍民居多隸焉。」〔註 19〕說明諸羅縣、鳳山縣居民多來自閩、粵內地寄籍者。

（二）開臺舉人非臺籍

　　康熙二十六年（1687）四月，福建陸路提督張雲翼題〈題請另編額中部覆疏〉中「將臺灣另編字號，額外取中舉人一名，以鼓勵士子。」朝廷爲廣昭文治，永固海疆，而新增臺生保障名額。此舉本爲善政，但宦臺官員三年一任，短期內無法培植出足以應考之童生，基於「政績」的壓力，使寄冒臺籍的外籍生成爲開臺舉人。如 2009 年蘇峨墓誌銘出土，證實康熙二十六年蘇峨以鳳山縣儒學附生的身分參與鄉試，其實本爲「泉州同安人」之身分：

> 蘇君諱峨，字眉生，巍庵其別號也。系出宋宰相、崇祀名宦，諱頌公，簪纓世代，曆傳至曾祖鄉進士、郡司馬喬嶽公，有政績可稱，再傳至少鯤公，生雁行四，公居其次，出嗣童吉公。君生而聰穎，方質有氣，形貌魁碩，司馬公即深器之，令從名宿周確岩先生學，講貫經史詩歌，爲時文不事雕琢，而自合乎矩度。眾咸謂蘇氏繼起有人矣。改妝，娶進士、參政葉諱明元公胞侄孫女……屢試未遊泮，益篤志勵學。爲浮海計，家務悉委葉孺人理之。<u>癸亥年</u>〔註20〕，<u>王師底定臺灣，置郡建學，君遂以鳳山弟子員登丁卯賢書。昔閩之科目，歐陽詹開其先，今台之科目，巍庵開其先，俱稱盛事焉</u>。〔註21〕

現今雖未見蘇峨留下賦作，若將來蘇峨賦作出土，那麼可納入臺灣賦研究範疇嗎？〔註22〕清代臺灣志賦肇起於修志事業，作者不必然是臺籍作家。然而清代臺灣試賦隨科舉考試而興，各省錄取名額隨大小省而有所不同〔註23〕，爲公平

〔註 19〕〔清〕郁永河，《裨海紀遊》，《臺灣文獻叢刊》第 44 種（臺灣銀行經濟研究室編印，1960 年 2 月），頁 12。

〔註 20〕康熙二十二年（1683），歲次癸亥。

〔註 21〕經訪談泉州文庫研究者楊清江先生，承楊先生協助抄錄蘇峨墓誌銘全文，詳見：本章頁 144。

〔註 22〕蘇峨雖非臺籍人士，但若能證明其賦作寫於寓臺時期，或是賦篇內容與臺地有關，依《全臺詩》的收錄標準，仍可歸爲臺灣賦的研究範疇。

〔註 23〕「乾隆九年（1744 年）規定，大省（江南、江西、浙江、福建、湖南、湖北）每舉人一名錄送八十名，副榜一名送四十名；中省（山東、山西、陝西、河南、甘肅、四川、廣東）每舉人一名錄送六十名，副榜一名送三十名；小省（廣西、雲南、貴州）每舉人一名錄送五十名，副榜一名送二十名。台灣每舉人一名錄送二百至三百名。如果因故沒有參與科試錄科或是參加錄科未取中的人，須再考試錄遺與大收一場，凡取錄有名即准參加鄉試。錄科及錄遺

起見考生必需以本籍身分應考。由蘇峨之例，可見大批臺籍士子養成之前，許多泉州考生因地緣之便，以寄籍、冒籍臺籍的方式取得功名。

（三）寄冒籍的對策

清代生員各州縣學依文風、人口有一定的學額，童生於本縣報名，要填寫籍貫及三代履歷，並有同考者五人互結聯保，再請本縣一名廩生認保。要確保考生籍貫無誤，由於各縣縣學一次錄取幾人，例有定額，外籍生每多取一名，本籍生便少取一人，〔註 24〕當地考生的權益受到寄冒籍考生的壓縮之後，民怨難以止息，因此康熙四十一年（1702）〈御製訓飭士子文〉云：「國家建立學校，原以興行教化、作育人材，典至渥也。……士子果有真才實學，何患困不逢年？顧乃標榜虛名，暗通聲氣，夤緣詭遇，罔顧身家；又或改竄鄉貫，希圖進取，囂凌騰沸，網利行私。種種弊端，深可痛恨！」〔註 25〕科舉考試乃國家掄才大典，為昭公信必須力求公平。康熙帝親撰〈御製訓飭士子文〉嚴禁寄冒籍，通令全國，貫徹施行，然而宦臺官員顯然不與朝廷同調，康熙五十六年（1717）周鍾瑄〈學校志・論曰〉：

> 諸羅建學三十年，擬科多內地寄籍者。庠序之士，泉、漳居半，興、福次之，土著寥寥矣。夫士農工賈各世其業，故易有成也。諸羅之人，其始來非商賈則農耳；以士世其業者，十不得一焉。兒童五、六歲亦嘗令就學，稍長而貧，易而為農矣、商與工矣，或吏胥而卒伍矣，卒業於學者十不得一焉。……而巨賈列肆居廛，則金帛貨貝足相傲也；田舍翁多收十斛，則菽麥稻粱足相傲也；吏胥舞文為奸利，鮮衣美食則相傲；強有力竄名卒伍，躍馬彎弓又相傲。於是此邦視學之途為迂而無用，內郡之不得志於有司者，群問渡而東焉。科、歲兩試，此邦之人拱手而讓之；一登解額，即飛揚而歸故里，海外人文何日而興乎？〔註 26〕

的試題與科試同。」李新達，〈清代科舉考試概述〉，《中國科舉制度史》（臺北：文津，1995 年 9 月），頁 270。

〔註 24〕 宋元強，〈清代的科目選士與競爭機制〉，陳文新主編，《二十世紀科舉研究論文選編》，《歷代科舉文獻整理與研究叢刊》（武漢：武漢大學出版社，2009年 9 月），頁 523。

〔註 25〕 〔清〕劉良璧纂輯，《重修福建臺灣府志》（上）卷首《聖謨》（臺北：文建會，2005 年 6 月），頁 78～9。

〔註 26〕 〔清〕周鍾瑄主修，《諸羅縣志》（臺北：文建會，2005 年 6 月），頁 157。

　　<u>寄籍不必杜</u>，藉其博雅宏通，為土著之切磋可也；……內地寄籍者
隆其禮，土著未入庠序者復其身。〔註27〕

諸羅縣令周鍾瑄於《諸羅縣志・學校志》中明白表示諸羅縣學三十年來，能
考取功名者，多來自內地寄籍生，臺生則寥寥無幾。周鍾瑄進一步分析，科
舉考試在臺施行三十年對人民影響不大，主要原因是諸羅縣民世代以士農工
賈為業，無論巨賈、田舍、吏胥、卒伍等等，生活容易，因此普遍視讀書上
學為「迂而無用」。臺生保障名額，反而吸引內地不得志者，大量東渡來臺，
由科歲二試取得生員資格後，即飛揚西渡故里，於省會參加鄉試。周氏與其
他敦詩說禮的官員想法根深蒂固，欲藉科舉教化蓬頭裸體生活自然的原住
民。既然諸羅人民不熱衷於科舉，不如對閩、粵子弟寄冒臺籍者，採取不阻
攔的態度。因此周鍾瑄以一邑之長於〈學校志・論曰〉明白表示「寄籍不必
杜」的態度，無視康熙四十一年（1702）〈御製訓飭士子文〉禁止「改竄鄉貫」
的飭令。

　　閩、粵子弟寄冒臺籍，占用保障名額弊端，直到本土士子崛起、科舉風
氣漸盛，要求地方官員正視侵害臺籍士子權益之寄冒籍問題，雍正五年（1727）
明定「臺地之人有田、有屋入籍既定者，取具里鄰結狀，方准考試」〔註28〕。
乾隆二十年（1755）諸羅縣紳豎立「嚴禁冒籍應考條例碑」，為臺灣科舉社羣
合力抵制「冒籍應考」最具代表性的宣言，碑文明訂「懲冒籍之縱橫，……
入籍三十年，有盧墓、眷產者，方准考試。」〔註29〕存在多年的閩、粵子弟
寄冒臺籍的弊端，終於徹底的終結。

二、試集編纂與官方創作意識

　　朝廷文教政策對臺灣試賦發展之影響，除了爭取科舉員額，與對寄冒籍
政策立法之外，主持歲科二試之官員需刊刻發行當年考試佳作，使應考學子
有所依據，由官方刊行試集能映現當時的試賦典範。將目前文獻記載清代臺
灣試集選刻，臚列於下：

〔註27〕〔清〕周鍾瑄主修，《諸羅縣志》（臺北：文建會，2005 年 6 月），頁 159。
〔註28〕「雍正五年，總督高其倬題准：臺地文風漸盛，嗣後歲、科兩試，飭令該地
　　　　方官查明現在臺地之人有田、有屋入籍既定者，取具里鄰結狀，方准考試。」
　　　　〔清〕六十七，范咸纂輯，《重修臺灣府志》（上）（臺北：文建會，2005 年 6
　　　　月），頁 377。
〔註29〕尹章義，《臺灣開發史研究》（臺北：聯經書局，1989 年 12 月），頁 549～550。

〈清代臺灣試集列表〉

年代	主編	官職	試集	現況
康熙五十年（1711）	陳璸	福建分巡臺灣廈門道	海外人文	全佚
雍正六年（1728年）	夏之芳	巡臺御史	海天玉尺編初集	存序
雍正八年（1730）	夏之芳	巡臺御史兼攝學政	海天玉尺編二集	存序
乾隆六年（1741）	張湄	巡臺御史	珊枝集	存序
乾隆十四年（1749）	楊開鼎	巡臺御史	梯瀛集	存序
乾隆三十一年（1766）	張珽	分巡臺灣道兼提督學政	海東試牘	全佚
乾隆五十二年（1787）	楊廷理	臺灣知府	臺陽試牘初刻	全佚
乾隆五十三年（1788）	楊廷理	臺灣知府	臺陽試牘二刻	全佚
乾隆五十四年（1789）	楊廷理	臺灣知府	臺陽試牘三刻	全佚
道光二十八年(1848)	徐宗幹	福建臺灣道	東瀛試牘	全佚
道光二十九年(1849)	徐宗幹	福建臺灣道	東瀛試牘二集	全佚
道光三十年（1850）	劉家謀	臺灣府儒學訓導	東瀛試牘三集	存序
咸豐元年（1851）	徐宗幹	福建臺灣道	瀛洲校士錄〔註30〕	存序、賦

　　檢視〈清代臺灣試集列表〉可知，除了康熙五十年（1711）《海外人文》之外，臺灣試集多編纂於雍正五年（1727）之後。由雍正五年開始，文教政策對寄冒籍限制日嚴，非臺籍士子已不能輕易的寄冒臺籍應考。乾隆二十年（1755）「嚴禁冒籍應考條例碑」頒布後，應考的公平性得到制約，本土士子群更加穩定。由試集編纂的時間點與本土士子的養成時間點，相當程度映現科歲考試之主考官，認同臺灣試集必須刊行本土士子作品，以達名實相符之意。

　　主持歲科二試之官員，選取年度考試佳作刊行，此舉使相繼投入之臺士準備試賦的方向，產生巨大影響。如嘉慶十二年（1807）謝金鑾、鄭兼才總纂《續修臺灣縣志・藝文志》，記載自雍正六年（1728）以來刊刻之試集，如下所列：

　　《海天玉尺編》【巡臺督學御史高郵夏之芳荔園訂。】

〔註30〕 「完整集數今日已不詳：目前所見僅臺灣分館館藏第 3 集上、下卷，係於 1851 年鐫刻完成」黃美娥，〈瀛洲校士錄條〉，許雪姬總策畫，《臺灣歷史辭典》（臺北市：行政院文化建設委員會，2004 年 5 月），頁 1328。

《珊枝集》【巡臺督學御史錢塘張湄鷺洲訂。】

《梯瀛集》【巡臺督學御史甘泉楊開鼎玉坡訂。】

《海東試牘》【臺學道涇陽張珽鶴山訂。】

《臺陽試牘初刻、二刻、三刻》【俱臺學道柳州楊廷理雙梧訂。】〔註31〕

檢視〈清代臺灣試集列表〉內容，嘉慶十二年（1807）《續修臺灣縣志·藝文志》所載，除了康熙五十年（1711）陳璸編纂之《海外人文》年代久遠未列之外，嘉慶之前官方選刻之試文均已收錄，顯示主考官選刻試集，除有宣揚政績回京赴命之外，兼有引導試賦風格、提供學子參考之作用。以下僅將現存之試集〈序〉文，所映現之臺灣科舉與試文特色，依「臺士崛起」、「寫作風格」、「官方意識」論述如下：

（一）臺士崛起

雍正六年（1728）巡臺御史夏之芳〈海天玉尺編初集序〉：

> 稽臺郡初闢時，歲、科掄才，多借資於漳、泉內郡。近已詔下釐別，非生長臺地者，不得隸於臺學；此又盛朝作養邊陲之至意。……茲因歲試告竣，擇其文尤雅馴者付之梓……是為序。〔註32〕

雍正六年（1728）之前，僅有陳璸選刻《海外人文》，其餘主持大考之主考官，均未選印，可見歷屆考官也認同寄冒籍者不能代表臺灣。直到雍正五年（1727）明定有田、有屋入籍既定者，取具里鄰結狀，方准考試，此為保護臺生之法令，此令至雍正六年（1728）歲、科考試，非生長臺地者，不得以臺籍應考，自此閩、粵子弟無法輕易的以臺地為寄冒籍地。隔年巡臺御史夏之芳主持歲試，對於臺籍子弟之崛興，深感欣慰，選刻足以為範本者，印行《海天玉尺》。〈海天玉尺編初集序〉云「近已詔下釐別，非生長臺地者，不得隸於臺學；此又盛朝作養邊陲之至意。」可知，夏氏選印《海天玉尺》之動機，顯然與臺籍考生之興起有關。自此步其後者日多，如乾隆六年（1741）巡臺御史張湄〈珊枝集序〉：

> 《珊枝集》者何？集海東校士之文而名之也。珊枝者何？珊瑚之枝也。……枝生海底，……失時不取，則腐也。」……海邦人士，璘

〔註31〕〔清〕謝金鑾、鄭兼才總纂，《續修臺灣縣志》（臺北：文建會，2007年6月），頁521。

〔註32〕〔清〕夏之芳，〈海天玉尺編初集序〉，〔清〕謝金鑾、鄭兼才總纂，《續修臺灣縣志》（下）（臺北：文建會，2007年6月），頁572～573。

璘然、紛紛然質有其文矣。前乎此者未可取，珊瑚未有枝也；今不
取，吾懼其失時也。然則及今無取者乎？曰：「有」；雍正戊申，高
郵夏筠莊侍御嘗取之矣，顏其文曰《海天玉尺》。玉尺云者，蓋言善
量才也。余踵其後，……雖不敢稱量才之尺，而竊自許爲羅才之網。

〔註 33〕

乾隆十四年（1749）巡臺御史楊開鼎〈梯瀛集序〉：

曩者，夏前輩筠莊名其所刊文曰「海天玉尺」，所以量瀛之材也；張
前輩鷺洲名其所刊文曰「珊枝」，所以羅瀛之珍也。余欲量瀛之材而
無玉尺、欲羅瀛之珍而無珊網，然則何所持以與都人士勗乎？曰：「以
是集而爲瀛之登也則未，以是集而爲瀛之梯也則可。」於是乎書。

〔註 34〕

我們注意到張湄、楊開鼎等人，顯然上承夏之芳選拔臺籍人材之理念，康熙
五十年（1711）福建分巡臺灣廈門道陳璸雖爲當時名宦，但其選刻之《海外人
文》卻無人提及。由於士人視科舉考試爲終生職志，所下之苦功難以形容，
掄才大典，更是百中選一，未來代表朝廷出仕地方，若外籍生多占一名額，
本籍生便少取一人，乾隆三十二年（1767）臺灣道張珽〈建臺陽校士場屋記〉
云臺灣各邑有上千考生〔註 35〕，但各邑員額不過十名左右，競爭極其激烈。
歷屆主試官多進士出身，深知埋首讀書之艱辛，故於臺地試集之編纂，以夏
之芳〈海天玉尺編初集序〉所云：「非生長臺地者，不得隸於臺學」的說法爲
依歸。

（二）寫作風格

試賦多爲律賦，形式規範上有一定之「科場程式」，清代風格以「清眞雅
正」爲尚，如夏之芳〈海天玉尺編二集序〉所云之「醇正昌博」，「醇正」即
「清眞雅正」之撰文原則，「昌博」爲賦體本有之博識特質。然而臺士作賦卻
有其特殊之處：

歲試既竣，擇其文之拔前茅者錄付剞劂，亦爲海隅人士作其氣而導

〔註 33〕 〔清〕張湄，〈珊枝集序〉，〔清〕劉良璧纂輯，《重修福建臺灣府志》（下）（臺
　　　　北：文建會，2005 年 6 月），頁 574～5。

〔註 34〕 〔清〕楊開鼎，〈梯瀛集序〉，〔清〕謝金鑾、鄭兼才總纂，《續修臺灣縣志》，
　　　　（臺北：文建會，2007 年 6 月），頁 580～1。

〔註 35〕 尹章義，〈臺灣↔福建↔京師——「科舉社羣」對於臺灣開發以及臺灣與大陸
　　　　關係之影響〉，《臺灣開發史研究》（臺北：聯經，1989 年 12 月），頁 551。

　　之先路也。……大約文人之心，類從其地之風氣。臺士之文多曠放，
　　各寫胸臆，不能悉就準繩。其間雲垂海立、鰲掣鯨吞者，應得山水
　　奇氣；又或幽巖峭壁、翠竹蒼藤，雅有塵外高致。……海天景氣絕
　　殊，故發之於文，頗能各逞瑰異；至垂紳搢笏、廟堂黼黻之器，則
　　往往鮮焉。固其士之少所涵育，亦其地之風氣僻遠而然也。

　　故歲試所錄，強半靈秀之篇，科試則多取醇正昌博者，爲臺人更進一
　　格。……乃更合歲、科試文得八十首，付之梓，以爲多士式。〔註36〕

　　因歲試告竣，擇其文尤雅馴者付之梓，而因以發之，益使臺之人知
　　錄其文者之非徒以文示也。〔註37〕

雍正六年（1728）夏之芳以臺灣景色具「山水奇氣、塵外高致」與內地絕殊。
生長其間，士子文章「多曠放，各寫胸臆，不能悉就準繩。」夏之芳身爲大
考主考官，最爲熟悉朝廷選士準繩，若多曠放又自書胸臆，自然難以成爲垂
紳搢笏、廟堂黼黻之器。夏氏有扭轉曠放風格的責任，將符合「醇正昌博」、
「文尤雅馴」特質者合爲《海天玉尺》，垂範後世。

　　乾隆十四年（1749）巡臺御史楊開鼎〈梯瀛集序〉承續夏之芳的理念，
有相同的看法：

　　余視學斯土，歷試諸生文，其中有清者、濃者、奇者、正者、窅而
　　深者、沛然決者，各成一家言，而不能以一律繩。想亦游心於瀛海
　　瀛山之怪怪奇奇，相與探幽攬勝，一洩而爲不可羈勒之文耶？……
　　而後可與唐之房、杜諸學士把臂而登瀛，以傳千古奇文。〔註38〕

楊氏以爲臺生之文「有清者、濃者、奇者、正者、窅而深者、沛然決者，各
成一家言，而不能以一律繩。」所謂「各成一家言，不能一律繩」即夏氏所
認爲之「各寫胸臆，不能悉就準繩。」可惜時至今日留下的試集賦作，多符
合「清眞雅正」風格之試賦作品，而彼時不能就準繩之賦作，除非自費出版
個人文集，否則大多數多湮滅於漫長的歷史中。

〔註36〕　〔清〕夏之芳，〈海天玉尺編二集序〉，〔清〕謝金鑾、鄭兼才總纂，《續修臺
　　　　　灣縣志》（下）（臺北：文建會，2007年6月），頁574。
〔註37〕　〔清〕夏之芳，〈海天玉尺編初集序〉，〔清〕謝金鑾、鄭兼才總纂，《續修臺
　　　　　灣縣志》（下）（臺北：文建會，2007年6月），頁573。
〔註38〕　〔清〕楊開鼎，〈梯瀛集序〉，〔清〕謝金鑾、鄭兼才總纂，《續修臺灣縣志》
　　　　　（臺北：文建會，2007年6月），頁580～1。

（三）官方意識

夏之芳〈海天玉尺編初集序〉所云「舊制：郡邑守令外，以觀察使領之。康熙六十年，始以臺臣出司巡視。」〔註39〕即康熙六十年之前，以觀察使巡察臺地（如康熙五十年，由福建分巡臺灣廈門道陳璸主持在臺科舉考試），康熙六十年之後，設立「巡臺御史」一職取代原本的「觀察使」。自康熙六十年每年欽差滿族、漢族御史各一名到臺灣巡察，推行朝廷政令，反映地方輿情，至乾隆五十二年為止，總計有四十七位御史先後巡臺〔註40〕。這些御史來臺必須纂輯地方文獻，以便回京述職時上呈稟報，上呈稟報資料中必有試文佳作集，作為臺地文風教化成果，即夏之芳、張湄、楊開鼎等巡臺御史所著之序文，皆映現這類編輯之編輯動機。

由〈清代臺灣試集列表〉記載可知清代臺灣試集佚失嚴重，難以搜羅所有巡臺御史輯成之文獻資料。僅能試著從〈序〉文探索「編纂之動機」，如道光二十八年（1848）臺灣兵備道兼提督學政的徐宗幹〈東瀛試牘三集序〉：

> 憶自道光紀元，服官東魯二十餘年，所至蒐采鄉先生遺文及書院子弟課卷，合分校所薦取為課士錄梓行。越甲辰，奉命由蜀中移巡閩漳，適監試棘闈，……方欲輯課士續編，奉諱未果。〔註41〕

> 試竣，……故考錄制藝雅馴者，已編為東瀛試牘；……裒輯二卷，曰校士錄，俾庠塾子弟有所觀感，而則傚焉為誘掖獎勸之助，藉以鼓舞而振屬之。……昔高郵夏筠莊侍御巡臺主試，刊海天玉尺二編；……錢塘張鷺洲侍御亦選有珊枝集，……玉尺編始於雍正戊申歲試，越今戊申適百二十年，並誌之。〔註42〕

由〈東瀛試牘三集序〉「制科取士，賓興賢能，化民成俗，一以貫之者也。作吏二十年，此事未廢；矧忝為學臣！敢廢學乎？」〔註43〕自述為官二十年來

〔註39〕〔清〕夏之芳，〈海天玉尺編初集序〉，〔清〕謝金鑾、鄭兼才總纂，《續修臺灣縣志》（下）（臺北：文建會，2007年6月），頁572。

〔註40〕〔清〕尹全海等，〈自序〉，《清代巡臺御史巡臺文獻》（北京：九州出版社，2009年12月）。

〔註41〕〔清〕徐宗幹，〈瀛洲校士錄序〉，《斯未信齋文編》，《臺灣文獻叢刊》第87種（臺北：臺灣銀行經濟研究室編印，1960年2月），頁121。

〔註42〕〔清〕徐宗幹，〈瀛洲校士錄序〉，《斯未信齋文編》，《臺灣文獻叢刊》第87種（臺北：臺灣銀行經濟研究室編印，1960年2月）頁121。

〔註43〕〔清〕徐宗幹，〈東瀛試牘三集序〉，《斯未信齋文編》，《臺灣文獻叢刊》第87種（臺北：臺灣銀行經濟研究室編印，1960年2月），頁133。

熱衷於教化人民、善良風俗一事，未曾中斷。徐氏投入基礎之書院教育超乎一般，身兼臺灣兵備道及提督學政二職時，提督學政需督察臺地學官，擔任科舉考試主試官，於〈瀛洲校士錄序〉中云「東魯二十餘年，所至蒐采鄉先生遺文及書院子弟課卷，合分校所薦取為課士錄梓行。……方欲輯課士續編，奉諱未果。」終於編成《東瀛試牘》初集、二集、三集，以及《瀛洲校士錄》數集，無論是保留臺灣基礎書院教育或是試集文獻纂輯皆有卓著貢獻。其中《瀛洲校士錄》為清代臺灣科舉考試主考官選編試集中，唯一流傳至今的，徐宗幹對臺灣科舉文獻之貢獻，可見　斑。

第二節　書院對試賦教育的養成

　　清初文教政策的設計，官學的目的在於培養人才，科舉考試的目的在於選拔人才。〔註44〕康熙二十五（1686）年臺灣府設府學，臺灣、鳳山、諸羅三縣，各設縣學，科、歲兩試，取進文童生，府學二十名，臺灣縣取進生員十五名，鳳山、諸羅，照中學例取進生員（秀才）十二名，廩生、增生、附生之分別一如內地名額。〔註45〕直到乾隆五十六年（1791），府學文童生閩籍二十名，粵籍八名，臺灣、鳳山、嘉義、彰化縣，各取進十二名。〔註46〕由上述記載可見，百年來臺灣官學所錄取的生童、生員名額並沒有增加，然而參與科舉考試之人數卻呈倍數成長，至乾隆中期參加科舉考試者約四千人，道光末約五千人，光緒中期約七千人左右〔註47〕。如此大量積極參與科舉考試的生徒，均由書院負責其科舉考試之教育。

　　末代探花商衍鎏曾於〈清代科舉考試述錄〉一文中，將賦體於清代各級科舉及晉級考試中的作用，論述如下：

　　　清代科舉考試的主要文體是八股文，其次是試帖詩、律賦、策、論等。……《清史稿・選舉志》只談到制科考試用律賦，除此之外，

〔註44〕李兵等，〈清初文教政策與書院科舉化關係論略〉，《大學教育科學》，第 4 期（2005 年），頁 89。

〔註45〕〔清〕周昌，〈詳請開科考試文〉，〔清〕高拱乾纂輯，《臺灣府志》（臺北：文建會，2004 年 11 月），頁 398。

〔註46〕王惠琛，《清代臺灣科舉制度的研究》（臺南：國立成功大學歷史語言研究所碩士論文，1990 年 7 月），頁 38。

〔註47〕尹章義，〈臺灣↔福建↔京師——「科舉社羣」對於臺灣開發以及臺灣與大陸關係之影響〉，《臺灣開發史研究》（臺北：聯經，1989 年 12 月），頁 552。

學政主持的院試、翰林院詹大考、庶吉士月課及散館考試（結業考試），還有皇帝出巡的召試，都有用賦的。……律賦作爲考試文體的重要性盡管在八股文之下，但也是重要的考試文體之一。〔註48〕賦作爲清代科舉考試的項目之一，書院負責學子賦作之養成。臺灣從康熙二十二年（1683）施琅首建西定坊書院，到光緒十九年（1893）創立的崇基書院爲止，二百餘年間從「草萊初闢、窮鄉僻壤」中建起，到分布全臺各地書院總數達六十六所之多。〔註49〕由於書院負責培養學子參與科舉考試，因此藉由現存書院教育習賦之內容，有助於清代臺灣試賦發展之研究。

一、童蒙與習賦教育

臺灣二百餘年間，各地書院總數曾達 62 所之多。書院依該地區之文教程度而有不同功能，有以應舉爲主如鹿港文開書院。也有設縣較晚之恆春，設立義塾十餘年，生徒以原民兒童爲主，較難養成科考人才〔註50〕。彼時臺灣書院（義塾）雖多，未必能完整保留至今。書院既爲科舉考試之養成所，書院學規（學約）有教學習賦之記載，可由清代臺灣志書找尋，藉以探索臺生如何於書院養成賦作能力。

恆春設縣較晚，原民兒童較多，由恆春義塾課程中習賦之安排，得以明白學生作賦能力如何養成過程。根據光緒二十年（1894）屠繼善纂修之《恒春縣志》卷十〈義塾·塾規〉中，記載學生一日之功課如下：

> 查各塾舊章，每年以二月朔啓館，十二月朔解館；此十個月中，先生不能無故離館，學生亦不得無故不入塾。……一日之中，早晨則授新書，視學生之才質，定上書之多寡。中午寫方寸大字數十個；午後則溫習舊書，背讀本日新書。傍晚對課，教以平仄字義，自一字以至七字；蓋對課者，即作詩之權輿也。晚間至二更爲度，先生

〔註48〕詹杭倫等校注，〈前言〉，《歷代律賦校注》陳文新主編《歷代科舉文獻整理與研究叢刊》（武漢：武漢大學出版社，2009 年 9 月），頁 17。

〔註49〕黃麗正，〈清代邊區儒學的發展與特質：臺灣書院與內蒙古書院的比較〉，《臺灣師大歷史學報》第 34 期（2005 年 12 月），頁 102。

〔註50〕「查各塾民、番幼童不下一百餘人，內中能作破承者，不過數人。以十餘載之經營，費萬餘金之鉅款，有名無實，既難言養正之功；舍本逐末，又安望顯風之變？伏念卑邑民、番雜處，風化未開；耕作之外，幾不知禮義廉恥爲何物。」〔清〕屠繼善纂修，《恒春縣志》（臺北：文建會，2007 年 12 月），頁 240。

> 講解經史、古文、綱鑑一首,不論何書,不論多少。誠以三餘讀書,
> 夜者日之餘,不可聽其虛度,或學做論、賦、雜著;至有日間未完
> 功課,此時亦可補足。〔註51〕

一整年啓館時間爲期十個月,每日早上教新進度,中午練字〔註52〕,下午溫
習早上的功課,傍晚學詩,晚上老師授課,夜間則學作文。恒春義塾原民兒
童較多,童蒙程度不一,賦爲應試項目之一,安排於夜間與其他文類輪流練
習。總之恒春義塾教學傾向童蒙基礎教育,因此賦於一般童蒙基礎教育的學
習份量較輕微、寬鬆。

二、專攻科考的賦學教育

(一)尋求正路,不可扯雜

嘉慶十五年(1810)彰化知縣楊桂森〔註53〕撰寫〈白沙書院學規十二條〉,
學規中相關作賦教育如下:

> 三都、兩京、子虛、上林,雄厚麗則之正規也。律賦始於唐,亦莫
> 精於唐,宋人賦則單薄矣。讀者於古賦、律賦,俱要尋求正路,不
> 可扯雜。〔註54〕

大清康、雍、乾三朝國力鼎盛,故以謳歌盛世、雄厚麗則的賦寫風格,符合
盛世氣象之時代特質。又清代學唐以律賦取士,故以「新巧以制題,險難以
立韻,課以四聲之切,幅以八韻之凡」(孫梅《四六叢話》)等律賦特質爲尚。
楊桂森以進士出身,精熟科場程式,所謂「讀者於古賦、律賦,俱要尋求正
路,不可扯雜。」〈白沙書院學規十二條〉中所謂「正規、正路」,即康熙帝
提出之「淳雅」、雍正帝提出之「雅正清眞」、乾隆帝提出之「清眞雅正」等
準則。康、雍、乾三帝提出正規正路之後,各地學官、各階層考官莫不遵循
此原則。如雍正六年(1728)夏之芳〈海天玉尺編二集序〉訂定之「醇正昌
博」選文標準即是。

〔註51〕〔清〕屠繼善纂修,〈義塾〉,《恒春縣志》(臺北:文建會,2007 年 12 月),
頁 242。

〔註52〕根據澎湖文石書院主講林豪〈續擬學約八條〉所云:「書法不可不習也。……
制藝俱佳則較其詩,詩律俱佳則較其字,而去取以分,其大凡也。」詳見:〔清〕
林豪總修,〈文事〉,《澎湖廳志》(上)(臺北:文建會,2006 年 6 月),頁 193。

〔註53〕嘉慶四年(1799)進士,嘉慶十五年(1810)正月,調任彰化知縣。

〔註54〕〔清〕周璽總纂,〈學校志〉,《彰化縣志》(上)(臺北:文建會,2006 年 12
月),頁 256。

（二）《賦學指南》為賦學入門書籍

咸豐元年（1851）臺灣兵備道兼提督學政徐宗幹於〈瀛洲校士錄序〉中云：「試竣，集諸生徒於海東書院，旬鍛而月鍊之。解經為根柢實學，能賦乃著作通才。」〔註55〕徐氏認為能作賦才算得上是通才，可見書院所讀之應舉科目〔註56〕為能賦養成的基礎。然而律賦理法極其嚴謹，如乾隆十年四月初四的諭令：「詩賦，掞藻敷華，雖不免組織渲染；……凡有乘於先輩大家理法者，擯棄勿錄；……通行曉諭中外知之」。〔註57〕賦原具有「繁類成艷」的特質，即乾隆所謂「組織渲染」均需符合先輩大家的作文理法。

彼時臺灣書院以何種賦學書籍傳授呢？林豪（1831～1918）於〈續擬學約八條〉中云：

> 古學則以唐律為根柢，而行以館閣格式。古學與經解，在小試軍中易於偏師制勝，況平時能為古學，則試帖遊刃有餘，在闈中尤有裨益。宜購《律賦新編》及《賦學指南》二書，以資講習，為入門之徑。〔註58〕

林豪對於書院生徒之讀賦指導有二：首先是「崇古學」，務去浮華，為康、雍、乾三帝對考官直接下達的取士指導原則。〔註59〕「去浮華」即「崇古學」，彼

〔註55〕〔清〕徐宗幹，〈瀛洲校士錄序〉，《斯未信齋文編》《臺灣文獻叢刊》第87種（臺北：臺灣銀行經濟研究室），頁122。

〔註56〕「七歲是讀《三字經》、《大學》、《中庸》正文，以及《論語》〈學而〉、〈述而〉、〈先進〉三篇的正文；八歲時讀《論語》〈衛靈公〉正文，及《孟子》〈梁惠王〉、〈天時〉、〈離婁〉、〈告子〉諸篇正文；八歲時讀《論語》〈衛靈公〉正文，及《孟子》〈梁惠王〉、〈天時〉、〈離婁〉、〈告子〉諸篇正文；九歲時為《大學集註》、（頁403）《中庸集註》，及《論語》〈學而〉、〈述而〉、〈先進〉篇集註；十歲時除《論語》〈衛靈公〉和《孟子》〈梁惠王〉、〈天時〉集註外，尚增《詩經》正文、《初學群芳》二書；十一歲時是《孟子》〈離婁〉、〈告子〉二篇的集註，續讀《詩經》正文與《初學群芳》，並加讀《書經》正文；十二歲時讀《書經》、《易經》、《孝經》正文；十三歲為《易經》正文與《春秋左氏傳》；十四歲讀《春秋左氏傳》與《禮記精華》；十五歲專讀《禮記精華》。」林衡道口述，楊鴻博整理：《鯤島探源：台灣各鄉鎮區的歷史與民俗》，《貳》（臺北：稻田，1996年5月），頁403～4。

〔註57〕〔清〕王瑛曾編纂，〈學校志〉，《重修鳳山縣志》（上）（臺北：文建會，2005年6月），頁260。

〔註58〕〔清〕林豪總修，〈文事〉，《澎湖廳志》（上）（臺北：文建會，2006年6月），頁193。

〔註59〕康熙四十一年〈御製訓飭士子文〉「文章歸於淳雅，毋事浮華。」、雍正十年〈諭正文體〉「尺幅不拘一律，而支蔓浮夸之言所當屏去。」、乾隆五年十月

時古學以唐律為根柢，但闈場應試於形式上需符合一定的科場程式，因此「古學」與「格式」兼重有助於士人習賦。其次是「習格式」。格式即理法，清代所編律賦選本極多，《律賦新編》即為律賦選本之一，今已不知編者的詳細資料。余丙照《賦學指南》是一部總結前代和乾隆、嘉慶年間律賦集大成之作，道光七年為初刊本，因廣受學者歡迎，道光二十八年（1848）又有增注重刊本，光緒十九年（1893）山西「書業德書坊」有重刊增注本，民國六十八年（1979）臺灣廣文書局有影印本，《賦學指南》多次重刊印行，是清代律賦格法學最全面、最重要的著作。〔註60〕

道光七年初刊本僅選唐賦十篇，清賦二十篇。道光二十八年（1848）余丙照於《賦學指南》（增注重刊本）中，再「（加）選兩漢六朝賦數篇，冠唐之前，以溯其源；選宋賦數篇殿唐之後，以觀其變；選時賦之清新典雅有裨後學者十餘篇，以便其取資。」增注重刊本共六十篇，增選漢賦一篇，六朝賦八篇，唐賦十五篇，宋賦二篇，清賦三十四篇。〔註61〕由於林豪〈續擬學約八條〉撰寫於任職澎湖文石書院主講期間〔註62〕，因此林氏所指《賦學指南》即道光二十八年（1848）的增注重刊本。

《賦學指南》（增注重刊本）所選各時代賦作，偏重唐、清兩代的律賦，顯然專門針對科舉應試而編。由於彼時闈場試賦，需「古學」與「格式」兼重，方能有助於舉業。余丙照於道光二十八年（1848）的增注重刊本，新增〈凡例〉說明選賦原則：

二十九日，內閣奉上諭：「糟粕陳言，無裨實用，浮偽與時文等耳。」按〈御製訓飭士子文〉、〈諭正文體〉前文已註，乾隆五年十月二十九日上諭，詳見：〔清〕王瑛曾編纂，〈學校志〉，《重修鳳山縣志》（上）（臺北：文建會，2006年6月），頁257。

〔註60〕 詹杭倫等，〈引言〉，〔清〕余丙照，《賦學指南》，收入陳文新主編，《歷代律賦校注》，《歷代科舉文獻整理與研究叢刊》（武漢：武漢大學出版社，2009年9月），頁716。

〔註61〕 〔清〕余丙照，〈引言〉，《賦學指南》，收入陳文新主編，《歷代律賦校注》，《歷代科舉文獻整理與研究叢刊》（武漢：武漢大學出版社，2009年9月），頁716～719。

〔註62〕 〔清〕林豪（1831～1918），福建金門人，咸豐九年（1859）中舉，同治七年（1868）應邀主講澎湖文石書院，居二年，內渡居家，專心著述。光緒四年（1878）又重返主文石書院講席，並草《澎湖廳志》，光緒8年，離澎返鄉，續修《金門志》。光緒十八年再主文石席，續成《澎湖廳志》稿，後返回金門。詳見：張光前，〈點校說明〉，〔清〕林豪總修，《澎湖廳志》（臺北：文建會，2006年6月），頁13。

> 律賦盛于國朝，始于唐宋，其先聲則源于漢魏，開自六朝，集中全
> 篇多取唐賦，以層次清楚，筆力簡勁，篇法完密，可為程式也。
>
> 賦貴真切，不尚堆垛。是集多取精切輕快之作。不能透發題眼者，
> 不收。〔註63〕

余氏「賦貴真切，不尚堆垛」的選文標準，完全承襲康熙四十一年（1702）〈御製訓飭士子文〉「文章歸於淳雅，毋事浮華。」、雍正十年（1732）〈諭正文體〉「尺幅不拘一律，而支蔓浮夸之言所當屏去。」、乾隆五年（1740）十月二十九日上諭：「糟粕陳言，無裨實用，浮偽與時文等耳。」又多選唐賦，乃取法層次、筆力、篇法，作為學習賦格程式之典範，為試賦入門之徑。

（三）精熟《文選》為科舉捷徑

光緒十八年（1892）澎湖文石書院主講林豪，主持書院期間撰有〈續擬學約八條〉：

> 《文選》不可不讀也。《昭明文選》一書，為古學之總匯、詞賦之津
> 梁，自唐以來，如老杜猶教兒熟精《選》理，豈得以難讀而置之？
> 即如〈京都〉、〈江〉、〈海〉等賦，字多奇僻難通，無妨節取；……
> 自抄一過，朝夕吟詠，以為根柢，則出筆自可免俗矣。昔人謂做秀
> 才者胸中目中無《綱目》、《文選》二書，何得謂秀才哉？蓋惟習此
> 二書，則胸中乃有古人，而筆下方能超出時人耳。〔註64〕

林豪於〈學約〉中主張，生員應精熟《綱目》〔註65〕、《文選》二書，其中與賦有關者為《文選》。清代科舉既學唐以律賦取士，於宗唐的賦學風尚下，唐人奉《文選》為應舉捷徑的鴻寶〔註66〕，成為時人所謂秀才必讀《文選》的

〔註63〕 〔清〕余丙照，〈凡例〉，《賦學指南》，收入陳文新主編，《歷代律賦校注》，《歷代科舉文獻整理與研究叢刊》（武漢：武漢大學出版社，2009年9月），頁720。

〔註64〕 〔清〕林豪總纂，〈文事〉，《澎湖廳志》（上）（臺北：文建會，2006年6月），頁192。

〔註65〕 按：《綱目》是指朱熹《資治通鑑綱目》，由於科考士子以《通鑑》為歷史背景知識，然該書內容太詳，士子需讀之書目煩多，故以朱熹《資治通鑑綱目》，一方面提綱挈領，二方面可以學習朱子如何運用《春秋》筆法，褒貶歷史。

〔註66〕 如杜甫於〈宗武生日〉中云「詩是吾家事，人傳世上情。熟精《文選》理，休覓彩衣輕。」詳見：〔唐〕杜甫，〈宗武生日〉，《全唐詩》231卷7冊（北京：中華書局，1990年2月），頁2535。

　　清人李重華《貞一齋詩說》以為：「唐以詩賦取士，得力《文選》，便典雅宏麗，猶今之習八股業，先須熟五經耳。昭明雖詞章之學，識力不甚高，所選

論述基礎。值得注意者，林豪〈學約〉特別提出《文選》賦類中的「京都」
與「江海」，《文選》為現存第一部以「文體編次」的詩文總集。於賦體部分，
依題材分為十五類目，京都列於卷首、江海列於第八。

　　《文選》將京都類列為賦體卷首，收錄班固〈兩都〉、張衡〈二京〉，具
有雍容揄揚、潤色鴻業的政治功能，與清代主張「清眞雅正」及乾隆皇帝御
製〈盛京〉賦含義相同。其次臺灣地處環海，《文選》江海類選有木華〈海賦〉、
郭璞〈江賦〉兩篇作品，皆具雄偉壯麗、氣勢宏大的書寫風格。林豪以為京
都與江海賦類，雖有奇僻難通之字，仍應節取抄寫、朝夕吟詠，作為日後試
賦下筆自然脫俗之根柢。唐代視《文選》為應舉必讀書目，清賦學唐崇古，
故《文選》列為應舉必讀書目。

（四）單日講書，雙日作賦之書院課程

　　前述《賦學指南》為習賦入門書籍，精熟《文選》為科舉捷徑，那麼書
院如何安排學子習賦課業？嘉慶十五年（1810）彰化知縣楊桂森撰寫〈白沙
書院學規十二條〉，其中有關書院「平日課程」進度安排如下：

> 作全篇以上者之學規：
>
> 如上燈時，讀名家新文半篇，舊文一篇，漢文十行，律賦二韻，五
> 排詩一首。讀熟畢，再將次早所應佩背之《四書》經書，本本讀熟，
> 登於書程簿內，方可睡去。次早，將昨晚所讀之文章詩賦、《四書》
> 經書，誦朗熟詠，務須讀得極熟始去。先生講案，逐本背誦；既背
> 後，學晉唐法帖百字；寫字後，看《四書》二章、約二十行，經書
> 約二十行。有疑義，問先生，疑既晰矣，須掩卷，在先生講案，將
> 所看《四書》經書，添虛字、活字於白文，順義講去。既講後，抄
> 大家文、古文、賦、詩、各一篇。抄畢，請先生講解，然後散學。
> 晚間念書如前功。次早仍照前功背誦。既背後，請先生命題，須將
> 題義細求其所以然，尋其層次，尋其虛實，然後布一篇之局，分前
> 後、淺深、開合而成篇，務須即日交卷。交卷後散學，仍夜讀如前
> 功。凡單日講書，凡雙日作文，此方有效。〔註67〕

卻自一律，無俗文字。子美天才既雄，學力又破萬卷，所得豈直《文選》？
持以教兒子，自是應舉捷徑也。」詳見：〔清〕王夫之等，《清詩話》第 3 冊
（上海：上海古籍出版社，1999 年），頁 3936。

〔註67〕〔清〕周璽總纂，〈學校志〉，《彰化縣志》（上）（臺北：文建會，2005 年　6

彰化白沙書院教學分「單日講書」與「雙日作文」。單日講書課程：入夜讀律賦兩段〔註 68〕，隔日早晨背熟昨晚所讀之進度，並請先生講解，課後抄賦一篇，請先生講解，然後放學，晚上依然讀律賦兩段。雙日作文課程：熟背昨晚學讀之賦，然後請先生命題，務必尋求層次、虛實、布局，分前後、淺深、開合而成篇，務須即日交卷。

　　總之，彰化白沙書院與恒春縣義塾之教育定位不同，恒春縣義塾的平日課業偏向童蒙教育，彰化白沙書院則於平日課程規劃進度，顯然教學方針爲應舉而設。〈白沙書院學規十二條〉因內容深入淺出，課程安排得當，曾蘊育開臺翰林曾維楨，因此其學規成爲其他書院之共同參考，如南投登瀛書院、藍田書院循其學規，宜蘭仰山書院學規，即綜合海東書院與白沙書院學規〔註 69〕。

第三節　科舉仕宦與試賦創作

　　順治九年（1652）禮部因襲明制，刊臥文於學宮左方，明訂對生員實際生活、社會地位的優待事項如下：「朝廷建立學校，選取生員，免其丁糧、厚以廩膳，設學院、學道、學官以教之，各衙門官以禮相待；全要養成賢才，以供朝廷之用。」〔註 70〕「免其丁糧、厚以廩膳」爲實際經濟上的助益〔註 71〕，「各衙門官以禮相待」顯示生員社會地位較庶民爲高，生活壓力遠比庶民小。

月），頁 256～7。

〔註 68〕律賦乃按韻分段，故二韻即爲兩段。

〔註 69〕林文龍，《台灣的書院與科舉》（臺北：常民文化，1999 年），頁 57～76。
王啓宗，《臺灣的書院》（臺中：臺灣省政府新聞處，1987 年），頁 54。

〔註 70〕〔清〕周鍾瑄主修，〈學校志〉，《諸羅縣志》（臺北：文建會，2005 年 6 月），頁 149。類似的說法，又見顧炎武〈生員論上〉：「一得爲此，則免於編氓之役，不得受侵於里胥；齒於衣冠，得於禮見官長，而無笞捶之辱。故今之願爲生員者，非必慕功名也，保身家而已。」詳見：〔明〕顧炎武，〈生員論上〉《新譯顧亭林文集》（臺北：三民書局，2000 年 5 月），頁 72。

〔註 71〕部分地區官員甚至對童生即開始實質上的經濟助益，如：於乾隆三十一年（1755）澎湖通判胡偉建撰〈職事十六條〉「海外之人，必使之明理義，然後可以爲良民。故每到各澳，必赴社學，親爲指點，即蒙童小館，亦必親到。如童子能背誦經書，能講解字義者，即獎賞之，給以紙筆錢文，以示鼓勵。其生監俊秀，授以程氏課程，必令讀四書、五經、小學、《近思錄》、《性理綱目》諸書，以端其心術、正其識見，爲國家有用之材。澎湖向來讀書人少，行之兩載，漸見鼓舞，各澳皆有書聲，蓋長上之教比父兄之教，事半而功倍也。」詳見：〔清〕胡建偉纂輯，《澎湖紀略》，（臺北：文建會，2004 年 12 月），頁 95～6。

康熙四十一年（1702）〈御製訓飭士子文〉：「國家三年登造，束帛弓旌，不特爾身有榮，即爾祖、父亦增光寵矣。逢時得志，寧俟他求哉？」〔註72〕明言獲得科舉功名者，得以崢嶸三代。朝廷直接撥銀獎勵書院教育科舉人才〔註73〕，若逢天災，朝廷散賑又特別照顧府學生員、童生，如「（光緒）七年辛巳夏，不雨，旱季粱黍失收。……時巡撫岑毓英聞澎地災重，……飛飭臺灣府發米一千石散賑。復康查學中貧生，給米度歲，童生經面試者，每人給米有差」〔註74〕，顯示朝廷厚待具備科舉功名者。科舉制度確實改變僵化的社會結構，只要肯下苦功，當可改變自己的生活與地位，促進社會下層向上層流動，如清代狀元出身中庶民階層的就占 49%〔註75〕，因此不少士人視讀書應舉為翻轉個人命運與家族興衰的契機。

　　科舉制度在臺施行兩百餘年，早期原民多於漢人，地方官鼓勵閩粵考生來臺冒籍、寄籍以充政績，隨著臺籍考生日多，雍正五年（1727）轉趨嚴禁外籍生頂替臺籍。至乾隆中期積極參加科舉活動者約當四千人，道光末大約五千人，而光緒中期約七十人左右。〔註76〕道光二十一年（1841）更有彰化梁遇义八十一歲才考中秀才，仍冒著蹈海的凶險，橫渡臺灣海峽，前往省會福州應鄉試，根據當時的考試法規規定：考生只要年逾八十，主考官將可依例奏請「欽賜副榜」以上的科名。〔註77〕副榜即副舉人，由梁遇文之例，可見臺籍士子已將應舉功名視為一生職志。然而檢視當時文獻史料，臺籍士子雖已產生應舉功名之心志，但與內地士子的想法仍存在著些微差異。主要臺籍士子對應舉的目標多止於舉人，取得舉人功名後，多不出仕內地而選擇返

〔註72〕〔清〕劉良璧纂輯，〈聖謨〉，《重修福建臺灣府志》（上）（臺北：文建會，2005年6月），頁78～9。

〔註73〕雍正十一年〈諭建立書院〉：「上諭：各省學校之外，地方大吏每有設立書院，聚集生徒講誦肄業者。……各賜帑金一千兩，將來士子群聚讀書，須預為籌畫，資其膏火，以垂永久。其不足者，在於存公銀內支用。……」詳見：〔清〕劉良璧纂輯，〈聖謨〉，《重修福建臺灣府志》（上）（臺北：文建會，2005年6月），頁102～3。

〔註74〕〔清〕林豪總修，《澎湖廳志》（下）（臺北：文建會，2006年6月），頁483。

〔註75〕宋元強，〈清代的科目選士與競爭機制〉，《中國社會科學》第2期（1993年）。

〔註76〕尹章義，《臺灣開發史研究》（臺北：聯經書局，1989年12月），頁552。

〔註77〕「梁遇文，馬芝保人，篤志力學，至耄猶勤，年八十一，始補弟子員。嘉慶丙子科鄉試，蒙恩賞副榜。年九十餘，精力不衰，尚能作蠅頭小字。卒時適滿百歲，洵昇平人瑞也。」詳見：〔清〕周璽總纂，《彰化縣志》（下）（臺北：文建會，2006年12月），頁389。

鄉定居，即使出仕內地，大約三年任滿隨即歸臺，爲何會有如此之差別？或許與「臺字號」的官場觀感有關。

一、「臺字號」的官場觀感

應舉出仕轉變個人際遇、提升家族地位是寒窗苦讀者正常的心態，然而許多取得功名的臺士，出仕的意願並不高。如：

> 卓肇昌（?～?）爲乾隆十五年（1750）舉人，官揀選知縣，不赴。
>
> 鄭用錫（1788～1858）道光三年（1823）進士，道光十四年（1834）入京供職，簽分兵部武選司行走。翌年補授禮部鑄印局員外郎，兼儀制司事務。道光十七年（1837）春以母老乞養歸里。
>
> 施瓊芳（1815～1868）道光二十五年（1845）恩科進士，即補江蘇知縣，未赴任，再銓選爲六部主事，乞養回籍。
>
> 徐德欽（1853～1889）光緒十二年（1886）進士及第，出任工部屯田司主事，同年十月回籍臺灣。〔註78〕

臺灣士人出仕未久回臺定居最有名的例子，就是臺灣第一位「小軍機」曾大源（1759～1810），籍貫臺灣府〔註79〕，舉人出身，因乾隆五十一年林爽文事件，繪臺灣全圖見賞於福康安，乾隆五十三年事平，充文淵閣校閱，並任軍機章京。五十四年己酉順天鄉試，五十五年庚戌武會試曾兩充同考官。這不僅是清初臺籍舉子空前少見的榮寵，對整個漢人而言，也是少有的光寵！但居京三年，未能考取進士，故於五十六年回臺。〔註80〕臺灣士子任京職者，不論品秩高低，官位大小，都是極其難得，尤其有乾隆的能臣福康安的舉薦，但居京僅短短三年，旋即回臺，可見清代仕宦環境對於臺士必存在著「適應」的問題。朝廷爲臺生專設的鄉試保障名額，使臺灣給人「海外僻處」的印象根深蒂固；又南方「鄉音」與北方「官話」的隔閡，使出身臺籍者對於出仕一事始終不甚熱衷，依次論述如下。

（一）海外僻處

臺灣士子參與科舉考試者逐年增加，至乾隆中期積極參加科舉活動者約

〔註78〕以上參見《全臺賦》作者部分。

〔註79〕〔清〕陳壽祺總纂，《道光福建通志臺灣府》（下）（臺北：文建會，2007 年 12 月），頁 967。

〔註80〕謝浩，《科舉論叢》（南投：臺灣省文獻委員會，1995 年 10 月），頁 645～647。

當四千人。朝廷專為臺籍生員編臺字號，自康熙二十六年開始，編臺字號中額一名。雍正十三年加中一名，改爲至字號。嘉慶十三年加中淡水一名。〔註81〕據林衡道（1915～1997）的回憶：彼時台灣因爲師資缺乏，讀書人能中舉的機會不多，生員舉人的產生與保障名額有關。〔註82〕鄉試因有保障名額的關係，自康熙二十六年以來均有中舉者，但會試卻直到道光三年才有「開臺進士」鄭用錫。故乾隆年間巡視臺灣江南道御史臣諾穆布等，奏請臺籍舉人赴會試者，能比照鄉試亦設有臺灣保障名額：

> 數年以來，中鄉試者有人、入會選者未睹。蓋會場爲天下人文之藪，海外僻處，豈能與內地士子一體較量？……查，現在舉人已有八名，嗣後會試之期，臺郡士子亦照鄉試之例，於福省名額內另編臺字號，取中一名。〔註83〕

御史諾穆布以「臺灣爲海外僻處，豈能與內地士了一體較量？」爲理由，請求會試額中部，專爲臺籍舉人於福建省名額內另編臺字號，取中一名。但經群臣商議後，認爲各邊地、海疆來京會試，亦按省編號，憑文取中，從無依府編號之前例。因此會試額中部之回覆爲：「會試乃朝廷闢門籲俊之大典，最爲愼重，非若鄉試之獨一省論也。……近科，臺郡來京會試者，不過三、四人，若遽定中額一名，未免功名太易，啓士子僥倖之心。」〔註84〕保障名額雖確保臺籍舉人逐年產生，但赴京會試者卻寥寥無幾，造成臺灣文風比不上內地的普遍印象。

（二）「鄉音」與「官話」

　　清初宦臺官員，每以「蛇目蜂腰，雀行鳥語」（高拱乾〈臺灣賦〉）形容原住民，加上渡海來臺的漢人多來自福建、廣東兩省，由雍正六年（1728）所頒布的〈諭閩廣正鄉音〉，可見由此二省拔選而出仕者，立足朝堂時往往有「鄉音」的問題：

〔註81〕〔清〕陳壽祺總纂，《道光福建通志臺灣府》（下），（臺北：文建會，2007年12月），頁965。
〔註82〕林衡道口述，楊鴻博整理，《鯤島探源：台灣各鄉鎮區的歷史與民俗》，《貳》（臺北：稻田，1996年5月），頁403～4。
〔註83〕〔清〕劉良璧纂輯，〈藝文志〉，《重修福建臺灣府志》（下）（臺北：文建會，2005年6月），頁686～7。
〔註84〕〔清〕劉良璧纂輯，〈藝文志〉，《重修福建臺灣府志》（下）（臺北：文建會，2005年6月），頁686～7。

> 朕每引見大小臣工，凡陳奏履歷之時，惟有福建、廣東兩省之人仍
> 係鄉音，不可通曉。夫伊等以現登仕籍之人經赴部演禮之後，其敷
> 奏對揚，尚有不可通曉之語，則赴任他省，又安能於宣讀訓諭、審
> 斷詞訟，皆歷歷清楚，使小民共知而共解乎？官民上下，語言不通，
> 必使吏胥從中代爲傳述；於是添飾假借，百弊叢生，而事理之貽誤
> 者多矣。且此兩省之人，其語言既皆不可通曉，不但伊等歷任他省
> 不能深悉下民之情，即伊等身爲編氓亦必不能明白官長之意。是上
> 下之情扞格不通，其爲不便實甚！〔註85〕

雍正認爲鄉音不但不適任京官，同時赴任他省又有種種之不便，容易造成百
弊叢生的可能。因此設立正音書院以八年爲限，〔註86〕於「彰化、臺灣、諸
羅和鳳山四縣，奉文設立四所『正音書院』。」〔註87〕爲保證閩粵兩省推廣官
話的效果，朝廷將「能官話」作爲參加科舉考試的前提條件，清廷規定：

> 八年之外，如生員貢監不能官話者，暫停其鄉試，學政不准取送科
> 舉；舉人不能官話者，暫停其會試，布政使不准起文送部；童生不
> 能官話者，府州縣不准取送學政考試，俟學習通曉官話之時，再准
> 其應試。〔註88〕

但這類的正音書院於乾隆末期流於形式，各地紛紛裁撤〔註89〕，正音書院最
終演變爲科舉教學的機構。道光十六年（1836）《彰化縣志・風俗志・士習》
云「彰邑庠分閩、粵二籍，讀書各操土音，各有師承。」〔註90〕可見直到道

〔註85〕〔清〕劉良璧纂輯，〈聖謨〉，《重修福建臺灣府志》（上）（臺北：文建會，2005
年6月），頁95。

〔註86〕「該督撫、學政，於凡系鄉音讀書之處，諭令有力之家，先於鄰近延請官話
讀書之師，教其子弟，轉相授受，以八年爲限。」《學政全書》卷五十九，嘉
慶十五年御纂本，轉引陳谷嘉、鄧洪波：《書院史資料》，頁1415。李兵，《書
院教育與科舉關係研究》（臺北：國立臺灣大學出版中心，2005年4月），頁
240。

〔註87〕李鎮岩，《台灣的書院》（臺北：遠足文化，2008年1月），頁22。

〔註88〕《學政全書》卷59，嘉慶十五年御纂本，轉引陳谷嘉、鄧洪波：《書院史資料》，
頁1414～1415。李兵，《書院教育與科舉關係研究》（臺北：國立臺灣大學出
版中心，2005年4月），頁241。

〔註89〕《清稗類鈔》載：「無如地方官悉視爲不急之務，日久皆就頹廢，乃至嘉、道
時僅存邵武郡城一所，然亦改課制藝矣。」詳見：《清稗類鈔・教育類》（北
京：中華書局，1981年），「正音書院」條，頁566。李兵，《書院教育與科舉
關係研究》（臺北：國立臺灣大學出版中心，2005年4月），頁241。

〔註90〕〔清〕周璽總纂，《彰化縣志》（下）（臺北：文建會，2006年12月），頁439。

光年間臺籍士子仍以「土音」讀書，與雍正所期待的「官話」相去甚遠。總之，「海外僻處」與「鄉音」問題，造成外省士人對「臺字號」的負面觀感，此舉形成臺籍士子寧為臺紳的外在因素。

二、寧為臺紳

　　根據謝浩的統計清代臺灣文進士三十一位、舉人三百三十六位〔註 91〕，進士較舉人少得多，原因有二：首先，鄉試有保障名額，會試則與內地士子等同競爭，相對困難。其次，臺灣士子參加鄉試者多，而參加會試者少〔註 92〕。前述兩種原因影響之下，進士及第者自然減少。根據林衡道的回憶，臺灣士子中舉之後，少有上京參加會試，也少有出仕的：

> 台灣的人一中了舉人，往往既不做官，也不上京考試，因為當時在台灣讀書的人不多，中了舉人，在地方上已經很吃得開了。例如有一位讀書人中了舉人之後，把他所在地的所有寺廟的財產都歸他管，當然他什麼都解決了。……
>
> 事實上，武舉人在大陸上不值分文，……在台灣，武舉人就很值錢了，往往，地方官將該地方的治安權交給武舉人，像已經毀了的基隆暖暖王舉人的家，大庭院中就設有用大石頭做的牢房，因為他有權，可以抓人，人一抓來就關在自己所設的牢房之內。
>
> 就因中舉人了，在地方上已經很吃得開，所以台灣的舉人認為做不做官都是一樣，也因此，不急於上京參加會試了。〔註 93〕

科舉時代，取得功名後成為地方紳士，享有經濟、法律的特權，社會地位的禮遇，是四民社會中農、工、商業群體所無法達到的。〔註 94〕清廷對臺籍考

〔註 91〕　謝浩，《科舉論叢》（南投：臺灣省文獻委員會，1995 年 10 月），頁 584。
〔註 92〕　〈題請會試額中部覆疏〉部覆：「查近科，臺郡來京會試者，不過三、四人。」詳見：〔清〕劉良璧纂輯，〈藝文志〉，《重修福建臺灣府志》（下）（臺北：文建會，2005 年 6 月），頁 687。
〔註 93〕　林衡道口述，楊鴻博整理：《鯤島探源：台灣各鄉鎮區的歷史與民俗》，《貳》（臺北：稻田，1996 年 5 月），頁 946～947。按：當然亦有以進士及第為目標的，如「舉人林師洙，頗有經世之志。惜遭時不際，滄桑後隱居葛瑪蘭，鬱鬱以終，傳有《滄波集》一卷。」詳見：蛻籜老人，《大屯山房譚薈》，《臺北文獻》，直字一、二、三、四期合刊，頁 144。
〔註 94〕　陳興德，《二十世紀科舉觀之變遷》（湖北：華中師範大學，2008 年 11 月），頁 21。

生於縣試與鄉試的優待，確實達到了吸引臺士投身科舉的目的，脫穎而出的新科舉人，與其離鄉出仕，面對他人眼中「東寧僻壤」、「海外僻處」的「臺字號」印象，加上鄉音等因素，無形中造成出仕時低人一等的感觸。乾隆三年（1738），舉人陳輝於〈臺海賦〉中云：「既車書之一統，何彼界與此疆。」（《全臺賦校訂》頁 39）即點明此種心境。既然不選擇出仕，自然參加會試的意願不高，因此形成臺士中舉後多衣錦還鄉，成爲地方紳士。

三、影響賦作保存之因

清代在臺施行兩百年的科舉制度，形成大量的科舉社群創作大量的試賦，然而僅極少數的作品遺留下來。影響科舉社群作品保存之原因，大約有三：

（一）止於舉人

科舉制度爲封建時代相對公平的選才機制，數載寒窗苦讀有機會提昇經濟能力與社會地位，甚至影響整體家族的命運。賦作爲科舉考試項目之一，由初階的童生到最高階的博學鴻詞科，僅童生與生員考試〔註 95〕、新科進士於保和殿參加選拔庶吉士的朝考考賦〔註 96〕，整個清代僅開考兩次的博學鴻詞科。中間的鄉試（舉人）、會試（進士）都是不考賦的。依林衡道的記憶，臺士對應舉功名多以舉人爲目標，不如內地士子力求進士及第、入翰林選館、出仕他鄉平步青雲的心態。既然僅以舉人爲目標，則只需通過童生與生員考試，取得生員資格後，準備鄉試的階段略過對試賦的準備。中舉之後衣錦還鄉，日後文人結社唱酬，多以抒情感懷的詩作爲主，不必選擇博識與通才的賦體，因而影響臺灣律賦之創作與保存意識。〔註 97〕

〔註 95〕 「學政考文童、生員試賦」是清代科舉的基層考試，童生和生員的「縣試」第三場考試的內容有律賦一篇。詳見：李新達，〈清代科舉考試概述〉《中國科舉制度史》（臺北：文津，1995 年 9 月），頁 268。

〔註 96〕 朝考的試題，乾隆時考論、奏議、詩、賦各一篇。庶吉士在翰林院三年期滿於下科考試，雍正時改考詩、賦、時文、論四題，作二篇即可，多作亦可。乾隆時，專考詩、賦。同治時，一度改考策論，後又專考詩、賦。詳見：李新達，〈清代科舉考試概述〉《中國科舉制度史》（臺北：文津，1995 年 9 月），頁 302～303。

〔註 97〕 陳維英（1811～1869），咸豐九年（1859）舉人，有完整文集傳世，《偷閒集》、《太古巢聯集》（田大熊、陳鐵厚合編），但卻僅存一篇小品賦（〈賣花聲賦〉）。又開臺進士鄭用錫（1788～1858），於同治九年（1870）刊刻完成之《北郭園

（二）臺籍翰林終老內地

臺灣也曾經產生眞正的試賦能手，有清一代，臺灣共有三位翰林，即道光六年（1826）進士，朝考入選翰林庶吉士，有「開臺翰林」之稱的曾維楨、光緒二十年（1894）進士、翰林的李清琦、光緒二十四年（1898）進士、翰林的黃彥鴻。就臺灣的土地面積和人口數量而言，這已經是很可觀的成就。因爲選庶吉士出於「朝考」，與「殿試」截然不同。貢士殿試，除特殊情形外，幾乎是百分之百可以成進士。但進士參加朝考而成爲庶吉士者，有清一代的各科，每科最多不超過五分之一，最少僅十之一甚或二十分之一。〔註98〕會試爲天下人文之藪，朝考選翰林庶吉士，更是以賦籲俊之大典，故能入選翰林者均爲試賦能手。可惜曾維楨晚年回祖籍福建晉江、李清琦、黃彥鴻亦均終老於內地，賦作均未能留存臺灣。除了三氏之外，其他出仕外地而遷居它處者，後代族人或是當地圖書館若能保留作品集，當能從中擇取相關臺灣試賦作品，使臺灣賦作之搜集與保存更加的完備。

（三）兵災與其他原因

許多未出仕內地，後代子孫亦世代居臺者，雖然享有盛名，可惜賦作流傳下來僅吉光片羽。如道光二十五年（1845）恩科進士施瓊芳（1815～1868）著述盈篋，生前皆未付梓，惜遭乙未（1895）兵災，散佚過半〔註99〕，僅留存〈蔗車賦〉等 8 篇。陳維英（1811～1869）咸豐九年（1859）舉人，返臺後先後主講仰山、學海、明志諸書院，爲曹敬（1817～1859）恩師，至今所存曹敬賦作手稿，仍見陳氏批改潤飾之處，今曹敬賦作傳世有 22 篇，陳氏賦作卻僅存一篇小品賦。以陳氏主講書院多年，必有許多對試賦之心得，可惜賦作流傳數量還遠不如曹敬。甲午一役令許多擁有功名之富戶士紳離臺內渡以避動亂，除非後代子孫有心保存，否則先人作品難以留存，因此清代臺籍進士、舉人雖不少，但目前《全臺賦》、《臺灣賦集》中能完整呈現臺士賦作思想者，僅有曹敬（1818～1859）賦作 22 篇、洪繻（1867～1929）賦作 34 篇、

全集》，共含《北郭園文鈔》一卷、《北郭園詩鈔》五卷、《述穀堂制藝》二卷、《述穀堂試帖》二卷，其中僅錄〈謙受益賦〉一首，鄭氏自童試至進士及第，所作賦篇不知凡幾，然在世時所存之遺稿，竟僅存賦作一首。由陳維英與鄭用錫二氏之例，可見對律賦之創作與保存之心態。

〔註98〕謝浩，《科舉論叢》（南投：臺灣省文獻委員會，1995 年 10 月）。

〔註99〕許俊雅等主編，《全臺賦》（臺南：國家臺灣文學館籌備處，2006 年 12 月），頁 132。

陳宗賦（1864～1928）賦作 20 篇，諸多翰林、進士、舉人未能留下賦作，以
爲臺賦增色，殊爲可惜。